LAKS
FISKENS KONGE

100 ENKLE OPSKRIFTER MED LAKS
TIL DIN FAMILIE

Anne Andersson

Alle rettigheder forbeholdes.

Ansvarsfraskrivelse

Oplysningerne i denne e-bog er beregnet til at tjene som en omfattende samling af strategier, som forfatteren af denne e-bog har forsket i. Resuméer, strategier, tips og tricks anbefales kun af forfatteren, og læsning af denne e-bog garanterer ikke, at ens resultater nøjagtigt vil afspejle forfatterens resultater. Forfatteren af e-bogen har gjort alle rimelige anstrengelser for at give aktuelle og nøjagtige oplysninger til e-bogens læsere. Forfatteren og dens medarbejdere vil ikke blive holdt ansvarlige for eventuelle utilsigtede fejl eller udeladelser, der måtte blive fundet. Materialet i e-bogen kan indeholde oplysninger fra tredjeparter. Tredjepartsmateriale omfatter meninger udtrykt af deres ejere. Som sådan påtager forfatteren af e-bogen sig ikke ansvar eller ansvar for noget tredjepartsmateriale eller udtalelser.

E-bogen er copyright © 2022 med alle rettigheder forbeholdt. Det er ulovligt at videredistribuere, kopiere eller skabe afledt arbejde fra denne e-bog helt eller delvist. Ingen dele af denne rapport må gengives eller gentransmitteres i nogen form for reproduceret eller gentransmitteret i nogen som helst form uden skriftligt udtrykt og underskrevet tilladelse fra forfatteren.

INDHOLDSFORTEGNELSE

INDHOLDSFORTEGNELSE 3

INTRODUKTION 7

MORGENMAD 8

   1. Røget laks og flødeost på toast 9
   2. Røget laks og flødeost på toast 11
   3. Laks på toast med pocheret æg 13
   4. Laks og æg morgenmad wrap 16

FORRETTER 18

   5. Cremet kartoffel laksebid 19
   6. Røget laksedip 21
   7. Snack røg lakse kanapeer 23
   8. Bagte laksekroketter 25
   9. Bagte laksepakker 28
   10. Sorte bønner og laks forretter 30
   11. Lakse ruller 32

HOVEDRET 34

   12. Magisk bagt laks 35
   13. Laks med granatæble og quinoa 37
   14. Bagt laks og søde kartofler 40
   15. Bagt laks med sorte bønnesauce 43
   16. Paprika grillet laks med spinat 46
   17. Laks Teriyaki med grøntsager 48
   18. Laks i asiatisk stil med nudler 51
   19. Pocheret laks i tomat hvidløgsbouillon 54
   20. Pocheret laks 57

21. POCHERET LAKS MED GRØN URTESALSA 59
22. POCHERET LAKS MED STICKY RICE 62
23. CITRUS LAKSEFILET 65
24. LAKSE LASAGNE 68
25. TERIYAKI LAKSEFILETER 71
26. SPRØD SKIND LAKS MED KAPERSDRESSING 73
27. LAKSEFILET MED KAVIAR 75
28. ANSJOSGRILLEDE LAKSEBØFFER 78
29. BBQ RØGGRILLET LAKS 81
30. KULGRILLET LAKS OG SORTE BØNNER 83
31. FIRECRACKER GRILLET ALASKA LAKS 86
32. FLASH GRILLET LAKS 89
33. GRILLET LAKS OG BLÆKSPRUTTEBLÆKPASTA 92
34. LAKS MED GRILLEDE LØG 95
35. CEDER PLANKE LAKS 98
36. RØGET HVIDLØGSLAKS 100
37. GRILLET LAKS MED FRISKE FERSKNER 102
38. INGEFÆR GRILLET LAKSESALAT 105
39. GRILLET LAKS MED FENNIKELSALAT 108
40. GRILLET LAKS MED KARTOFFEL OG BRØNDKARSE 111
41. LAKS VINA OLKI 114
42. LAKS OG BOLETUS KEBAB 116
43. GRILLET VILD KONGELAKS 118
44. AHORNSIRUP LAKSESTEAKS 121
45. LAKS OG MAJSSAFT 123
46. DILDKURET LAKS 126
47. FRISK ATLANTISK LAKS SAUTERET 129
48. GRILLET LAKS MED PANCETTA 131
49. KRYDRET KOKOSBOUILLON MED LAKS 134
50. COLUMBIA RIVER CHINOOK 137
51. OVNSTEGT LAKS OG GRØNTSAGER 139

52. Soja- og honningglaseret laks 141
53. Krydret laks og nudelsuppe 143
54. Pocheret laks med grøn urtesalsa 146
55. Honning sennep glaseret laks 148
56. Peberrod Laks 150
57. Varm laks og kartoffelsalat 152
58. En-potte laks med ris og snapseærter 154
59. Hvidløgsstegt laks med tomater og løg 156
60. Bagt laks med sorte bønnesauce 158
61. Laksefiskekager med grøntsagsris 160
62. Soja ingefær laks 163
63. Laks med chili kokos sauce 165
64. Paprika grillet laks med spinat 167
65. Laks Teriyaki med grøntsager 169
66. Grillet laks med friske ferskner 172
67. Laks med cremet pesto 174
68. Laks og avocado salat 176
69. Lakse grøntsagssuppe 178
70. Cremet røget laksepasta 180
71. Sort laks med blandet grøntsagsris 183
72. Ingefær laks med honningmelon salsa 186
73. Laks i asiatisk stil med nudler 188
74. Lemony ris med stegt laks 191

LAKSESALAT 194

75. Alaska laks og avocado pastasalat 195
76. Alaska laksesalat sandwich 198
77. Røget laks, agurk og pastasalat 200
78. Karameliseret laks over en varm kartoffelsalat 203
79. Stivnet laksesalat 206
80. Cool lakseelskers salat 208

81. Dilded laksesalat 211
82. Laks med sprøde krydderurter og orientalsk salat 214
83. Ø-laksesalat 216
84. Malaysisk urteris og laksesalat 219
85. Minty laksesalat 222
86. Pandestegt laks med kartoffelsalat 225
87. Pasta og røget laksesalat 228
88. Pastasalat med laks og zucchini 230
89. Kold pocheret laksesalat 232

Laksesupper 235

90. Lakse grøntsagssuppe 236
91. Cremet laksesuppe 238
92. Irsk røget laks sommersuppe 241
93. Osteagtig laksesuppe 244
94. Kartoffelostsuppe med laks 247
95. Kartoffelsuppe med røget laks relish 250
96. Lakse-kartoffel suppe 253
97. Klar laksesuppe 256

Dessert 260

98. Urteret laksekager 261
99. Laksebrød 263
100. Alaska skaldyrstærter 265

Konklusion 268

INTRODUKTION

Hvad er laks?

Laks er en fedtet fisk, der typisk klassificeres efter det hav, hvor den befinder sig. I Stillehavet betragtes de som en del af slægten Oncorhynchus, og i Atlanterhavet tilhører de slægten Salmo. Der er kun én vandrende atlantisk art, men fem eksisterende arter af stillehavslaks: Chinook (eller konge), sockeye (eller rød), coho (eller sølv), pink og chum.

Ernæringsmæssige fordele ved laks

En 100 g portion laks (opdrættet, kogt vægt) indeholder:

A. 232 kcal / 969 kJ

B. 25,2 g protein

C. 14,6 g fedt

D. 7,3 mcg D-vitamin

E. 20mcg selen

MORGENMAD

1. Røget laks og flødeost på toast

Ingredienser:

- 8 franske baguette- eller rugbrødsskiver
- ½ kop flødeost blødgjort
- 2 spsk hvidløg, skåret i tynde skiver
- 1 kop røget laks, skåret i skiver
- ¼ kop smør, usaltet variant
- ½ tsk italiensk krydderi
- Dildblade, finthakket
- Salt og peber efter smag

Rutevejledning:

a) Smelt smør i en lille stegepande og tilsæt gradvist italiensk krydderi. Fordel blandingen i brødskiverne.

b) Rist dem i et par minutter ved at bruge en brødrister.

c) Fordel lidt flødeost på det ristede brød. Top derefter med røget laks og tynde skiver rødløg. Gentag processen indtil alle de ristede brødskiver er brugt.

d) Overfør til et serveringsfad og pynt finthakkede dildblade ovenpå.

2. Røget laks og flødeost på toast

Portioner: 5 portioner

ingredienser

- 8 franske baguette- eller rugbrødsskiver
- $\frac{1}{2}$ kop flødeost blødgjort
- 2 spsk hvidløg, skåret i tynde skiver
- 1 kop røget laks, skåret i skiver
- $\frac{1}{4}$ kop smør, usaltet variant
- $\frac{1}{2}$ tsk italiensk krydderi
- Dildblade, finthakket
- Salt og peber efter smag

Rutevejledning:

a) Smelt smør i en lille stegepande og tilsæt gradvist italiensk krydderi. Fordel blandingen i brødskiverne.

b) Rist dem i et par minutter ved at bruge en brødrister.

c) Fordel lidt flødeost på det ristede brød. Top derefter med røget laks og tynde skiver rødløg. Gentag processen indtil alle de ristede brødskiver er brugt.

d) Overfør til et serveringsfad og pynt finthakkede dildblade ovenpå.

3. Laks på toast med pocheret æg

ingredienser

- 2 laksefileter
- 1 bundt asparges, skåret
- 2 tykke skiver ristet surdejsbrød, friskskåret
- 2 frilandsæg

Rutevejledning:

a) Fjern fileterne fra den ydre pose, og læg fileterne i en gryde (imens de er frosne og stadig i individuelle poser), og dæk dem med koldt vand. Bring det i kog og lad det simre forsigtigt i 15 minutter.

b) Når de er tilberedt, tages laksefileterne ud af poserne og lægges på en tallerken, mens du sætter retten sammen.

c) Mens laksen koger, lav hollandaisen. Sæt en varmefast glasskål over en gryde, som du har fyldt halvt op med vand og kogt let op ved svag varme. Smelt nu smørret i en separat lille gryde og tag derefter af varmen.

d) Kom de adskilte æggeblommer i skålen over det varme vand og begynd at piske, mens du gradvist tilsætter hvidvinseddike. Fortsæt med at piske mens du derefter tilsætter det smeltede smør. Blandingen vil kombineres til en lækker glat, tyk sauce. Tilsæt et par skvis citronsaft, hvis saucen virker for tyk. Smag til med lidt salt og lidt friskkværnet sort peber.

e) Fyld en gryde med kogende vand fra elkedlen og lad det simre let ved middel varme, og tilsæt en knivspids havsalt. Knæk æggene enkeltvis i kopper, og rør derefter vandet for at få det til at bevæge sig, før du tilføjer æggene, et ad gangen.

f) Lad koge – 2 minutter for et blødt æg, 4 minutter for et fastere. Fjern fra panden med en hulske for at dryppe af. Kom derefter otte aspargesspyd i gryden med kogende vand og kog i 1 - 1½ minut, indtil de er lige møre. Sæt toast på for at koge imens.

g) Smør ristet brød og top med aspargesspydene, derefter det pocherede æg, en skefuld hollandaise eller to og til sidst den pocherede laksefilet.

h) Smag til med et drys havsalt og knækket sort peber og spis med det samme!

4. Laks og æg morgenmad wrap

Serverer: 1

ingredienser

- 2 store britiske løveæg, pisket
- 1 spsk hakket frisk dild eller purløg
- En knivspids salt og friskkværnet sort peber
- Et skvæt olivenolie
- 2 spsk fedtfri græsk yoghurt
- Lidt revet skal og et skvæt citronsaft
- 40 g røget laks, skåret i strimler
- En håndfuld brøndkarse, spinat og rucola salat

Rutevejledning:

a) Pisk æg, krydderurter, salt og peber i en kande. Varm en slip-let pande op, tilsæt olien og hæld derefter æggene i og steg i et minut eller indtil ægget på toppen lige har sat sig.

b) Vend om og kog i yderligere et minut, indtil bunden er gylden. Overfør til et bord til afkøling.

c) Bland yoghurten med citronskal og -saft og masser af kværnet sort peber. Fordel den røgede laks over æggefolien, top med blade og dryp over yoghurtblandingen.

d) Rul æggefolien sammen og pak den ind i papir til servering.

FORRETTER

5. Cremet kartoffel laksebid

Portioner: 10 portioner

Ingredienser:
- 20 baby røde kartofler
- 200 gram røget laks, skåret i mundrette stykker
- 1 kop creme fraiche
- 1 mellemstor hvidløg, finthakket
- Salt og peber efter smag
- Friske dildblade, hakket fint

Rutevejledning:
a) Bring en stor gryde vand i kog, og tilsæt derefter 2 spiseskefulde salt i gryden. Kom kartoflerne i gryden og kog i 8-10 minutter eller til kartoflerne er gennemstegte.
b) Fisk kartoflerne op med det samme fra gryden og læg dem i en skål. Hæld koldt vand over dem for at stoppe tilberedningen. Dræn godt af og sæt til side.
c) I en mellemstor skål kombineres resten af ingredienserne. Stil på køl i 5-10 minutter.
d) Skær babykartoflerne i halve og skrab nogle dele af kartoflernes midte. Hæld det ophuggede kartoffelkød i den afkølede cremede blanding. Bland det godt sammen med resten af ingredienserne.
e) Pynt kartoflerne med den cremede blanding ved at bruge en teske eller en sprøjtepose.
f) Drys med flere finthakkede dildblade inden servering.

6. Røget laksedip

Portioner: 4 portioner

Ingredienser:
- 1 kop røget laks, hakket
- 1 kop flødeost, stuetemperatur
- ½ kop creme fraiche, fedtfattig variant
- 1 spsk citronsaft, friskpresset
- 1 spsk purløg eller dild, hakket
- ½ tsk varm sauce
- Salt og peber efter smag
- Franske baguette skiver eller hvede tynde kiks til servering

Rutevejledning:
a) I en foodprocessor eller elmixer hældes flødeost, cremefraiche, citronsaft og varm sauce i. Blend blandingen, indtil den er glat.
b) Overfør blandingen til en beholder. Tilsæt den hakkede røgede laks og hakket purløg og bland grundigt.
c) Sæt blandingen i køleskabet i en time, og pynt derefter med mere hakket purløg. Server den afkølede lakspålæg med baguetteskiver eller tynde kiks.

7. Snack røg lakse kanapeer

Udbytte: 1 portion

Ingrediens

- 6 ounce flødeost (blødgjort)
- 25 Canapéer baser persille
- 2 teskefulde Tilberedt sennep
- 4 ounce røget laks

Rutevejledning:

a) Blend flødeost og sennep; fordel en del af blandingen tyndt på kanapébunde.

b) Læg et stykke laks på hver kanapé, top med prik af den resterende blanding, eller hvis det ønskes, rør hele flødeostblandingen rundt om bunden.

c) Top hver med en kvist persille.

8. Bagte laksekroketter

Udbytte: 6 portioner

Ingrediens

- 2 spsk Smør; blødgjort
- 1½ pund Frisk laks; lavede mad
- 2 kopper Frisk brødkrummer
- 1 spsk spidskål
- 1 spiseskefuld Frisk dild; klippet
- ½ citron; skal af, revet
- 1 æg
- 1 kop tung fløde
- ½ tsk salt
- ½ kop creme fraiche
- Kaviar
- Citronbåde

Rutevejledning:

a) Læg den flagede laks i en skål.

b) Tilsæt ¾ kop af brødkrummerne, spidskål, dild, citronskal, æg og fløde. Bland forsigtigt med en gaffel. Smag til med salt, peber og cayennepeber. Prik med de resterende spiseskefulde smør.

c) Arranger kopperne i en bradepande. Hæld nok varmt vand i til at komme halvvejs op ad siderne af ramekins. Bages til de er ret faste og stivnede, cirka 30 minutter.

d) Afkøl i 5 til 10 minutter.

e) Kroketterne kan være uformede, med retsiden opad eller serveret i ramekins. Top hver kroket med creme fraiche og kaviar, eller pynt blot med citron.

9. Bagte laksepakker

Udbytte: 4 portioner

Ingrediens

- 4 laksefileter
- 4 tsk Smør
- 8 timiankviste, friske
- 8 persillekviste, friske
- 4 fed hvidløg, hakket
- 4 spsk hvidvin, tør
- ½ tsk salt
- ½ tsk sort peber, stødt

Rutevejledning:

a) Forvarm ovnen til 400 grader. Læg 4 store stykker folie på en arbejdsflade med den skinnende side nedad. Spray indersiden med grøntsagsspray. Læg en fiskefilet på hvert stykke folie. Fordel timian, persille, hvidløg, salt, peber og vin jævnt mellem fiskene.

b) Prik hver filet med en teskefuld smør og fold og forsegl derefter kanterne sikkert. Læg pakkerne på en bageplade og bag dem i 10-12 minutter. Læg pakkerne på tallerkener og åbn forsigtigt.

10. Sorte bønner og laks forretter

Ingrediens

- 8 majstortillas;
- 16 ounce majs sorte bønner;
- 7 ounce pink laks
- 2 spsk tidselolie
- ¼ kop frisk limesaft
- ¼ kop frisk persille; hakket
- ½ tsk Løgpulver
- ½ tsk Sellerisalt
- ¾ teskefuld stødt spidskommen
- ¾ tsk hvidløg; hakket
- ½ tsk limeskal; revet
- ¼ teskefuld rød peberflager; tørret
- ¼ teskefuld chilipeber;

Rutevejledning:

a) Forvarm ovnen til 350 grader. Skær tortillas i trekanter og rist ovnen til de er sprøde, cirka 5 minutter.

b) Kombiner bønner og laks, fliser laksen med en gaffel.

c) Bland de resterende ingredienser; chill for at blande smag. Server med tortillachips

11. Lakse ruller

Udbytte: 6 portioner

Ingrediens

- 6 røget laks; tynde skiver
- 1 Tilberedt brøddej
- 1 æg; slået
- Grønt løg; fint hakket
- Friskkværnet peber

Rutevejledning:

a) Efter optøning rulles den forberedte dej ud til en 9-tommer cirkel.

b) Dæk toppen med strimler af laksen og tilsæt krydderier.

c) Skær cirklen i kileformede stykker og rul hver enkelt stramt, begyndende ved yderkanten. Pensl rullen med det sammenpiskede æg og bag ved 425 grader i cirka 15 minutter.

d) Serveres varm som forret eller til frokost.

HOVEDRET

12. Magisk bagt laks

Gør 1 portion

ingredienser

- 1 laksefilet
- 2 tsk Salmon Magic
- Usaltet smør, smeltet

Vejbeskrivelse
a) Forvarm ovnen til 450 F.
b) Pensl let toppen og siderne af laksefileten med smeltet smør. Pensl let en lille pladeform med smeltet smør.
c) Krydr toppen og siderne af laksefileten med Salmon Magic. Hvis fileten er tyk, så brug lidt mere Salmon Magic. Pres krydderierne forsigtigt i.
d) Læg fileten på bradepanden og bag til toppen er gyldenbrun, og fileten lige er gennemstegt. For at få fugtig, lyserød laks, må du ikke overkoge. Server straks.
e) Tilberedningstid: 4 til 6 minutter.

13. Laks med granatæble og quinoa

Portioner: 4 portioner

ingredienser

- 4 laksefileter, uden skind
- ¾ kop granatæblejuice, sukkerfri (eller lavt sukkerindhold)
- ¼ kop appelsinjuice, uden sukker
- 2 spsk appelsinmarmelade/marmelade
- 2 spsk hvidløg, hakket
- Salt og peber efter smag
- 1 kop quinoa, kogt i henhold til pakken
- Et par kviste koriander

Rutevejledning:

a) I en mellemstor skål kombineres granatæblejuice, appelsinjuice, appelsinmarmelade og hvidløg. Smag til med salt og peber og juster smagen efter behag.
b) Forvarm ovnen til 400F. Smør bageformen med blødt smør. Placer laksen på bradepanden, så der er 1-tommers mellemrum mellem fileterne.
c) Kog laksen i 8-10 minutter. Tag herefter forsigtigt gryden ud af ovnen og hæld granatæbleblandingen i. Sørg for, at toppen af laksen er jævnt belagt med blandingen. Sæt laksen tilbage i ovnen og steg i 5 minutter mere, eller indtil den er gennemstegt og granatæbleblandingen er blevet til en gylden glasur.
d) Mens laksen koger tilberedes quinoaen. Kog 2 kopper vand over middel varme og tilsæt quinoaen. Kog i 5-8 minutter eller indtil vandet er absorberet. Sluk for varmen, luft quinoaen med en gaffel og læg låget tilbage. Lad restvarmen koge quinoaen i 5 minutter mere.
e) Overfør den granatæbleglaserede laks til et serveringsfad og drys lidt friskhakket koriander. Server laksen med quinoa.

14. Bagt laks og søde kartofler

Portioner: 4 portioner

ingredienser

- 4 laksefileter, skindet fjernet
- 4 mellemstore søde kartofler, skrællet og skåret i 1-tommer tykke
- 1 kop broccolibuketter
- 4 spiseskefulde ren honning (eller ahornsirup)
- 2 spsk appelsinmarmelade/marmelade
- 1 1-tommers frisk ingefærknop, revet
- 1 tsk dijonsennep
- 1 spsk sesamfrø, ristede
- 2 spsk usaltet smør, smeltet
- 2 tsk sesamolie
- Salt og peber efter smag
- Forårsløg/spidskål, friskhakket

Rutevejledning:

a) Forvarm ovnen til 400F. Smør bradepanden med smeltet usaltet smør.
b) Læg de skåret søde kartofler og broccolibuketter i gryden. Smag let til med salt, peber og en teskefuld sesamolie. Sørg for, at grøntsagerne er let belagt med sesamolie.
c) Bag kartoflerne og broccolien i 10-12 minutter.
d) Mens grøntsagerne stadig er i ovnen, tilberedes den søde glasur. I en røreskål tilsættes honning (eller ahornsirup), appelsinmarmelade, revet ingefær, sesamolie og sennep.
e) Tag forsigtigt bradepanden ud af ovnen og fordel grøntsagerne til siden for at give plads til fisken.
f) Krydr laksen let med salt og peber.
g) Læg laksefileterne i midten af bradepanden og hæld den søde glasur over laksen og grøntsagerne.
h) Sæt gryden tilbage i ovnen og steg i yderligere 8-10 minutter, eller indtil laksen er mør.
i) Overfør laks, søde kartofler og broccoli til et flot serveringsfad. Pynt med sesamfrø og forårsløg.

15. Bagt laks med sorte bønnesauce

Portioner: 4 portioner

ingredienser

- 4 laksefileter, skind og ben fjernet
- 3 spiseskefulde sorte bønnesauce eller sorte bønne hvidløgssauce
- ½ kop hønsefond (eller grøntsagsfond som en sundere erstatning)
- 3 spsk hvidløg, hakket
- 1 1-tommers frisk ingefærknop, revet
- 2 spsk sherry eller sake (eller enhver madlavningsvin)
- 1 spsk citronsaft, friskpresset
- 1 spsk fiskesauce
- 2 spsk brun farin
- ½ tsk røde chiliflager
- Friske korianderblade, finthakket
- Forårsløg som pynt

Rutevejledning:

a) Smør en stor bradepande eller beklæd den samme med bagepapir. Forvarm ovnen til 350F.
b) Kombiner hønsefond og sort bønnesauce i en mellemstor skål. Tilsæt hakket hvidløg, revet ingefær, sherry, citronsaft, fiskesauce, farin og chiliflager. Bland grundigt indtil brun farin er helt opløst.
c) Hæld den sorte bønnesauce over laksefileterne og lad laksen absorbere den sorte bønneblanding helt i mindst 15 minutter.
d) Overfør laksen til bageformen. Kog i 15-20 minutter. Sørg for, at laksen ikke bliver for tør i ovnen.
e) Server med hakket koriander og forårsløg.

16. Paprika grillet laks med spinat

Portioner: 6 portioner

ingredienser

- 6 lyserøde laksefileter, 1 tomme tykke
- ¼ kop appelsinjuice, friskpresset
- 3 tsk tørret timian
- 3 spiseskefulde ekstra jomfru olivenolie
- 3 tsk sød paprikapulver
- 1 tsk kanelpulver
- 1 spsk brun farin
- 3 kopper spinatblade
- Salt og peber efter smag

Rutevejledning:

a) Pensl lidt oliven på hver side af laksefileterne, og krydr med paprikapulver, salt og peber. Stil til side i 30 minutter ved stuetemperatur. Lad laksen absorbere paprika rub.
b) I en lille skål blandes appelsinjuice, tørret timian, kanelpulver og brun farin.
c) Forvarm ovnen til 400F. Overfør laksen til en foliebeklædt bradepande. Hæld marinaden til laksen. Kog laksen i 15-20 minutter.
d) Tilsæt en teskefulde ekstra jomfru olivenolie i en stor stegepande og kog spinaten i cirka et par minutter, eller indtil den er visnet.
e) Server den bagte laks med spinat ved siden af.

17. Laks Teriyaki med grøntsager

Portioner: 4 portioner

ingredienser

- 4 laksefileter, skind og ben fjernet
- 1 stor sød kartoffel (eller blot kartoffel), skåret i mundrette stykker
- 1 stor gulerod, skåret i mundrette stykker
- 1 stort hvidt løg, skåret i tern
- 3 store peberfrugter (grøn, rød og gul), hakket
- 2 kopper broccolibuketter (kan erstattes med asparges)
- 2 spsk ekstra jomfru olivenolie
- Salt og peber efter smag
- Forårsløg, finthakket
- Teriyaki sauce
- 1 kop vand
- 3 spiseskefulde sojasovs
- 1 spsk hvidløg, hakket
- 3 spsk brun farin
- 2 spsk ren honning
- 2 spsk majsstivelse (opløst i 3 spsk vand)
- ½ spiseskefulde ristede sesamfrø

Rutevejledning:

a) I en lille stegepande piskes sojasovs, ingefær, hvidløg, sukker, honning og vand ved lav varme. Rør konstant, indtil blandingen simrer langsomt. Rør majsstivelsesvandet i og vent til blandingen tykner. Tilsæt sesamfrø og stil til side.
b) Smør en stor bradepande med usaltet smør eller madlavningsspray. Forvarm ovnen til 400F.
c) Hæld alle grøntsagerne i en stor skål og dryp med olivenolie. Bland godt, indtil grøntsagerne er godt belagt med olie. Smag til med friskkværnet peber og en smule salt. Overfør grøntsagerne til bageformen. Spred grøntsagerne til siderne og lad lidt plads i midten af bageformen.
d) Læg laksen i midten af bageformen. Hæld 2/3 af teriyakisaucen i grøntsagerne og laksen.
e) Bag laksen i 15-20 minutter.
f) Overfør den bagte laks og de ristede grøntsager til et flot serveringsfad. Hæld den resterende teriyakisauce i og pynt med hakkede forårsløg.

18. Laks i asiatisk stil med nudler

Portioner: 4 portioner

ingredienser

Laks

- 4 laksefileter, skindet fjernet
- 2 spiseskefulde ristet sesamolie
- 2 spsk ren honning
- 3 spsk let sojasovs
- 2 spsk hvid eddike
- 2 spsk hvidløg, hakket
- 2 spsk frisk ingefær, revet
- 1 tsk ristede sesamfrø
- Hakket forårsløg til pynt

Risnudler

- 1 pakke asiatiske risnudler

Sovs

- 2 spsk fiskesauce
- 3 spsk limesaft, friskpresset
- Chiliflager

Rutevejledning:

a) Til laksemarinade kombineres sesamolie, sojasovs, eddike, honning, hakket hvidløg og sesamfrø. Hæld i laksen og lad fisken marinere i 10-15 minutter.
b) Læg laksen i et ovnfast fad, som er smurt let med olivenolie. Kog i 10-15 minutter ved 420F.
c) Mens laksen er i ovnen tilberedes risnudlerne efter pakkens anvisning. Dræn godt af og overfør til individuelle skåle.
d) Bland fiskesauce, limesaft og chiliflager og hæld i risnudlerne.
e) Top hver nudelskål med friskbagte laksefileter. Pynt med forårsløg og sesamfrø.

19. Pocheret laks i tomat hvidløgsbouillon

Serverer 4

ingredienser

- 8 fed hvidløg
- skalotteløg
- teskefulde ekstra jomfru olivenolie
- 5 modne tomater
- 1 1/2 dl tør hvidvin
- 1 kop vand
- 8 kviste timian 1/4 tsk havsalt
- 1/4 tsk frisk sort peber
- 4 Copper River Sockeye laksefileter hvid trøffelolie (valgfrit)

Vejbeskrivelse

a) Pil og hak hvidløgsfed og skalotteløg groft. Læg olivenolie, hvidløg og skalotteløg i et stort braiseringsfad eller sauterpande med låg. Sved over medium-lav varme, indtil de er bløde, cirka 3 minutter.
b) Kom tomater, vin, vand, timian, salt og peber i gryden og bring det i kog. Når det koger, reducer du varmen til en simre og læg låg på.
c) Lad det simre i 25 minutter, indtil tomaterne er sprængt og frigiver deres saft. Med en træske eller spatel knuses tomaterne til en frugtkød. Lad det simre uden låg i yderligere 5 minutter, indtil bouillonen er reduceret en smule.

d) Mens bouillonen stadig simrer, lægges laksen i bouillonen. Dæk og pocher i kun 5 til 6 minutter, indtil fisken let flager. Læg fisken på et fad og stil til side. Læg en si i en stor skål og hæld den resterende bouillon i sigten. Si bouillonen og kasser de faste stoffer, der er tilbage. Smag på bouillonen og tilsæt salt og peber, hvis det er nødvendigt.
e) Simpel kartoffelmos eller endda ristede kartofler er en god side med dette måltid. Top derefter med sauterede asparges og den pocherede laks.
f) Hæld den sigtede bouillon rundt om laksen. Tilføj et skvæt hvid trøffelolie, hvis det ønskes. Tjene.

20. Pocheret laks

ingredienser

- Små laksefileter, cirka 6 ounce

Vejbeskrivelse

a) Kom cirka en halv tomme vand i en lille 5-6-tommer stegepande, dæk den, opvarm vandet til at simre, og læg derefter fileten tildækket i fire minutter.
b) Tilsæt det krydderi du kan lide til laksen eller til vandet.
c) De fire minutter efterlader midten ukogt og meget saftig.
d) Lad fileten køle lidt af og skær den i halvanden tomme brede stykker.
e) Tilføj til en salat inklusive salat (enhver slags) god tomat, dejlig moden avocado, rødløg, croutoner og enhver velsmagende dressing.

21. Pocheret laks med grøn urtesalsa

Portioner: 4 portioner

ingredienser

- 3 kopper vand
- 4 grønne teposer
- 2 store laksefileter (ca. 350 gram hver)
- 4 spiseskefulde ekstra jomfru olivenolie
- 3 spsk citronsaft, friskpresset
- 2 spsk persille, friskhakket
- 2 spsk basilikum, friskhakket
- 2 spsk oregano, friskhakket
- 2 spsk asiatisk purløg, friskhakket
- 2 tsk timianblade
- 2 tsk hvidløg, hakket

Rutevejledning:

a) Bring vand i kog i en stor gryde. Tilsæt de grønne teposer, og tag dem derefter af varmen.
b) Lad teposerne trække i 3 minutter. Fisk teposerne op af gryden og bring det te-infunderede vand i kog. Tilsæt laksen og sænk varmen.
c) Pocher laksefileterne, indtil de bliver uigennemsigtige i den midterste del. Kog laksen i 5-8 minutter eller indtil den er gennemstegt.
d) Tag laksen op af gryden og stil den til side.
e) I en blender eller foodprocessor hælder du alle de friskhakkede krydderurter, olivenolie og citronsaft. Blend godt indtil blandingen danner en glat pasta. Smag pastaen til med salt og peber. Du kan justere krydderierne efter behov.
f) Anret den pocherede laks på et stort fad og top med den friske urtepasta.

22. Pocheret laks med sticky rice

Udbytte: 1 portioner

ingredienser
- 5 kopper olivenolie
- 2 hoveder ingefær; smadret
- 1 hoved hvidløg; smadret
- 1 bundt spidskål; skåret
- 4 stykker laks; (6 ounce)
- 2 kopper japansk ris; dampet
- $\frac{3}{4}$ kop Mirin
- 2 spidskål; skåret
- $\frac{1}{2}$ kop tørrede kirsebær
- $\frac{1}{2}$ kop tørrede blåbær
- 1 Ark nori; smuldrede
- $\frac{1}{2}$ kop citronsaft
- $\frac{1}{2}$ kop fiskefond
- $\frac{1}{4}$ kop isvin
- $\frac{3}{4}$ kop vindruekerneolie
- $\frac{1}{2}$ kop lufttørret majs

Vejbeskrivelse

a) I en gryde bringes olivenolien op på 160 grader. Tilsæt den knuste ingefær, hvidløg og spidskål. Tag blandingen af varmen og lad den trække i 2 timer. Stamme.

b) Damp risene og krydr derefter med mirin. Når det er afkølet, blandes de skåret spidskål i. Bring olivenolien op på 160 grader. Tilsæt den knuste ingefær, hvidløg og spidskål. Tag bær og tang.

c) For at lave saucen skal du bringe citronsaft, fiskefond og isvin i kog. Fjern fra varmen og bland vindruekerneolien i. Smag til med salt og peber.

d) For at pochere fisken, bringes pocheringsolien op på omkring 160 grader i en dyb gryde. Krydr laksen med salt og peber og sænk forsigtigt hele fiskestykket i olien. Lad det pochere forsigtigt i cirka 5 minutter eller indtil sjældent-medium.

e) Mens fisken koger, læg rissalat på en tallerken og dryp den med citronsauce. Læg pocheret fisk på rissalat, når den er færdig med at blive pocheret.

23. Citrus laksefilet

Serverer 4 personer

ingredienser

- ¾ kg Frisk laksefilet
- 2 spsk Manuka-smag eller almindelig honning
- 1 spsk friskpresset limesaft
- 1 spsk friskpresset appelsinjuice
- ½ spsk limeskal
- ½ spsk appelsinskal
- ½ knivspids salt og peber
- ½ lime skåret i skiver
- ½ appelsin i skiver
- ½ håndfuld frisk timian og mikrourter

Vejbeskrivelse

a) Brug omkring 1,5 kg + frisk kongelig laksefilet, hud på, ben ud.
b) Tilsæt appelsin, lime, honning, salt, peber og skal – bland godt
c) En halv time før tilberedning glaser fileten med en wienerbrødspensel og flydende citrus.
d) Skær appelsin og lime i tynde skiver
e) Bag ved 190 grader i 30 minutter og tjek derefter, det kan tage yderligere 5 minutter afhængigt af hvordan du foretrækker din laks.
f) Tag ud af ovnen og drys med frisk timian og mikrourter

24. Lakse Lasagne

Serverer 4 personer

ingredienser

- 2/3 del(e) Mælk til pochering
- 2/3 gram Kogte lasagneplader
- 2/3 kop(e) Frisk dild
- 2/3 kop ærter
- 2/3 kop parmesan
- 2/3 kugle mozzarella
- 2/3 sauce
- 2/3 pose babyspinat
- 2/3 kop(e) fløde
- 2/3 tsk(e) Muskatnød

Vejbeskrivelse

a) Lav først béchamel- og spinatsauce og pocher laksen. Til béchamelsaucen smeltes smørret i en lille gryde. Rør melet og kog i et par minutter, indtil det er skummende, under konstant omrøring.

b) Tilsæt gradvist den varme mælk under hele tiden, indtil saucen er jævn. Bring let i kog, under konstant omrøring, indtil saucen tykner. Smag til med salt og peber.

c) For at lave spinatsauce skal du trimme og vaske spinat. Mens vandet stadig klæber til bladene, læg spinaten i en stor gryde, dæk med låg og lad det simre forsigtigt, indtil bladene lige er visne.

d) Dræn og pres overskydende vand ud. Overfør spinat til en blender eller foodprocessor tilsæt fløde og muskatnød. Puls for at kombinere og smag til med salt og peber.

e) Forvarm ovnen til 180 grader. Smør en stor ovnfast fad. Pocher forsigtigt laksen i mælk, indtil den er lige kogt, og bræk den derefter i gode stykker. Kassér mælken.

f) Dæk bunden af bageformen tyndt med 1 kop béchamelsauce.

g) Fordel et overlappende lag lasagneplader over saucen, fordel derefter et lag spinatsauce på og læg halvdelen af laksestykkerne jævnt over dette. Drys med lidt hakket dild. Læg endnu et lag lasagne på, tilsæt derefter et lag bechamelsauce og drys dette med ærter til et groft dække.

h) Gentag lagene igen, så det er lasagne, spinat og laks, dild, lasagne, béchamelsauce og derefter ærter. Afslut med et sidste lag lasagne, derefter et tyndt lag bechamelsauce. Top med revet parmesanost, og stykker frisk mozzarella.

i) Bag lasagnen i 30 minutter, eller indtil den er varm og

25. Teriyaki laksefileter

Serverer 4 personer

ingredienser

- 140 gram 2 x twin Regal 140g Friske lakseportioner
- 1 kop (r) flormelis
- 60 ml sojasovs
- 60 ml mirin krydderi
- 60 ml mirin krydderi
- 1 pakke økologiske udonnudler

Vejbeskrivelse

a) Mariner 4 x 140 g stykker frisk Regal laks med strøsukker, sojasauce, mirinsauce, bland alle 3 ingredienser godt sammen og lad det stå på laksen i 30 minutter.

b) Kog vand og tilsæt de økologiske udonnudler og lad dem koge hurtigt i 10 minutter.

c) Skær skalotteløg i tynde skiver og stil til side.

d) Steg laksefiletportioner i en stegepande ved middel til høj varme i 5 minutter og vend derefter fra side til side, og hæld eventuelt ekstra sauce på.

e) Når nudlerne er klar fordelt på tallerken, top med laks

26. Sprød skind laks med kapersdressing

Serverer 4 personer

ingredienser

- 4 frisk NZ laksefilet 140g portioner
- 200 ml Premium olivenolie
- 160 ml hvid balsamicoeddike
- 2 knuste hvidløgsfed
- 4 spsk kapers hakket
- 4 spsk hakket persille
- 2 spsk dild hakket

Vejbeskrivelse

a) Overtræk laksefileterne i 20 ml olivenolie og krydr med salt og peber.

b) Kog ved høj varme med en slip-let pande i 5 minutter, vend top til bund og side til side.

c) Kom de resterende ingredienser i en skål og pisk, dette er din dressing, når laksen er kogt, hæld dressingen over fileten med skindsiden opad.

d) Server med en pære, valnød, halloumi og rucolasalat

27. Laksefilet med kaviar

Serverer 4 personer

ingredienser

- 1 tsk salt
- 1 limebåde
- 10 Skalotteløg (løg) pillede
- 2 spsk sojaolie (ekstra til børstning)
- 250 gram cherrytomater halveret
- 1 lille grøn chili i tynde skiver
- 4 spsk limesaft
- 3 spsk fiskesauce
- 1 spsk sukker
- 1 håndfuld korianderkviste
- 1 1/2kg Frisk Laksefilet s/on b/out
- 1 krukke lakserogn (kaviar)
- 3/4 agurk skrællet, halveret på langs, kernet ud og skåret i tynde skiver

Vejbeskrivelse

a) Forvarm ovnen til 200°C, men skåret agurk i en keramisk skål, med salt, sæt til side i 30 minutter, så den kan sylte.

b) Læg skalotteløg i et lille bradefad, tilsæt sojaolien, bland godt og sæt i ovnen i 30 minutter, til de er møre og godt brunede.

c) Tag den ud af ovnen og stil den til afkøling, vask imens den saltede agurk godt under rigeligt koldt rindende vand, pres den tør i håndfulde og kom den i en skål.

d) Forvarm ovngrillen til meget varm, halver skalotteløgene og kom dem i agurken.

e) Tilsæt tomater, chili, limesaft, fiskesauce, sukker, korianderkviste og sesamolie og bland godt.

f) Smag til – juster evt. det søde, med sukker og limesaft – sæt til side.

g) Læg laksen på oliesmurt bagepapir, pensl toppen af laksen med sojaolie, krydr med salt og peber, læg den under grillen i 10 minutter, eller indtil den netop er kogt og let brunet.

h) Tag dem ud af ovnen, læg dem på et fad, drys med tomat- og agurkeblandingen og en skefuld lakserogn.

i) Server med limebåde og ris

28. Ansjosgrillede laksebøffer

Udbytte: 4 portioner

Ingrediens
- 4 Laksebøffer
- Persillekviste
- Citronbåde ---ansjossmør-----
- 6 Ansjosfileter
- 2 spsk Mælk
- 6 spsk Smør
- 1 dråbe Tabasco sauce
- Peber

Vejbeskrivelse

a) Forvarm grillen til høj varme. Olér grillstativet, og læg hver bøf for at sikre en jævn varme. Læg en lille klat Ansjossmør (del en fjerdedel af blandingen i fire) på hver bøf. Grill i 4 minutter.

b) Vend bøfferne med en fiskeskive og læg endnu en fjerdedel af smørret blandt bøfferne. Grill på anden side 4 minutter. Reducer varmen og lad stege i yderligere 3 minutter, mindre hvis bøfferne er tynde.

c) Server med en pænt anrettet klat ansjossmør på toppen af hver bøf.

d) Pynt med persillekviste og citronbåde.

e) Ansjossmør: Udblød alle ansjosfileterne i mælk. Mos i en skål med en træske, til det er cremet. Rør alle ingredienser sammen og afkøl.

f) Serverer 4.

29. BBQ røggrillet laks

Udbytte: 4 portioner

Ingrediens

- 1 tsk revet limeskal
- ¼ kop limesaft
- 1 spsk vegetabilsk olie
- 1 tsk dijonsennep
- 1 knivspids peber
- 4 laksebøffer, 1 tomme tykke [1-1/2 lb.]
- ⅓kop ristet sesamfrø

Vejbeskrivelse

a) Kombiner limeskal og saft, olie, sennep og peber i et lavt fad; tilsæt fisk, vend til pels. Dæk til og mariner ved stuetemperatur i 30 minutter, vend af og til.

b) Reservation af marinade, fjern fisk; drys med sesamfrø. Placer på en smurt grill direkte over medium varme. Tilsæt opblødte træflis.

c) Dæk og kog, vend og drys med marinade halvvejs igennem, i 16-20 minutter, eller indtil fisken let flager, når den testes med gaffel.

30. Kulgrillet laks og sorte bønner

Udbytte: 4 portioner

Ingrediens

- ½ pund sorte bønner; gennemblødt
- 1 lille løg; hakket
- 1 lille gulerod
- ½ Selleri Rib
- 2 ounces skinke; hakket
- 2 Jalapeno peberfrugter; opstammet og skåret i tern
- 1 fed hvidløg
- 1 laurbærblad; bundet sammen med
- 3 kviste timian
- 5 kopper vand
- 2 fed hvidløg; hakket
- ½ tsk Hot Pepper Flakes
- ½ citron; juiced
- 1 citron; juiced
- ⅓ kop olivenolie
- 2 spsk frisk basilikum; hakket
- 24 ounce Laksesteaks

Vejbeskrivelse

a) Kom bønner, løg, gulerod, selleri, skinke, jalapenos, hele fed hvidløg, laurbærblad med timian og vand i en stor gryde. Lad det simre, indtil bønnerne er møre, cirka 2 timer, og tilsæt mere vand efter behov for at holde bønnerne dækket.

b) Fjern gulerod, selleri, krydderurter og hvidløg, og hæld den resterende kogevæske fra. Vend bønnerne med hakket hvidløg, peberflager og saften af $\frac{1}{2}$ citron. Sæt til side.

c) Mens bønnerne koger, kombineres saften af en hel citron, olivenolie og basilikumblade. Hæld laksebøfferne over, og stil på køl i 1 time. Grill laksen over et moderat højt blus i 4-5 minutter på hver side, og drys med lidt af marinaden hvert minut. Server hver bøf med en portion bønner.

31. Firecracker grillet Alaska laks

Udbytte: 4 portioner

Ingrediens

- 46 oz. laksebøffer
- ¼ kop jordnøddeolie
- 2 spsk sojasovs
- 2 spsk balsamicoeddike
- 2 spsk Hakket spidskål
- 1½ tsk brun farin
- 1 fed hvidløg, hakket
- ¾ tsk revet frisk ingefærrod
- ½ tsk Røde chiliflager, eller mere til
- Smag
- ½ tsk sesamolie
- ⅛ tsk salt

Vejbeskrivelse

a) Læg laksebøfferne i et glasfad. Pisk de resterende ingredienser sammen og hæld over laksen.

b) Dæk med plastfolie og mariner i køleskabet i 4 til 6 timer. Varm grillen op. Fjern laksen fra marinaden, pensl grillen med olie og læg laksen på grillen.

c) Grill ved medium varme i 10 minutter pr. tomme tykkelse, målt på den tykkeste del, vend halvvejs gennem tilberedningen, eller indtil fisken lige flager, når den testes med en gaffel.

32. Flash grillet laks

Udbytte: 1 portioner

Ingrediens

- 3 ounces laks
- 1 spsk Olivenolie
- ½ citron; saft af
- 1 tsk purløg
- 1 tsk Persille
- 1 tsk Friskkværnet peber
- 1 spsk sojasovs
- 1 spsk ahornsirup
- 4 æggeblommer
- ¼ pint fiskefond
- ¼ pint hvidvin
- 125 milliliter Dobbelt creme
- Purløg
- Persille

Vejbeskrivelse

a) Skær laksen i tynde skiver og kom den i en beholder med olivenolie, ahornsirup, sojasauce, peber og citronsaft i 10-20 minutter.

b) Sabayon: Pisk æg over en bain marie. Reducer hvidvin og fiskefond i en gryde. Tilsæt blandingen til æggehvider og pisk. Tilsæt fløde under stadig piskning.

c) Læg de tynde skiver laks på serveringsfadet og dryp lidt af sabayonen på. Stil kun under grillen i 2-3 minutter.

d) Fjern og servér straks med lidt purløg og persille.

33. Grillet laks og blækspruttteblækpasta

Udbytte: 1 portioner

Ingrediens

- 4 200 g; (7-8 oz) stykker laksefilet
- Salt og peber
- 20 milliliter vegetabilsk olie; (3/4 oz)
- Olivenolie til stegning
- 3 finthakkede fed hvidløg
- 3 finthakkede tomater
- 1 finthakket forårsløg
- Krydderi
- 1 Broccoli

Vejbeskrivelse

a) Pasta: du kan købe blæksprutteblækposer hos en god fiskehandler ... eller bruge din yndlingspasta

b) Forvarm ovnen til 240øC/475øF/gasmærke 9.

c) Krydr stykkerne af laksefilet med salt og peber. Varm en slip-let pande op, og tilsæt derefter olie. Kom laksen i gryden og svits på hver side i 30 sekunder.

d) Flyt fisken over på en bageplade, og steg derefter i 6-8 minutter, indtil fisken flager, men stadig er lidt lyserød i midten. Lad hvile i 2 minutter.

e) Flyt fisken over på varme tallerkener og hæld saucen over.

f) Kog broccolien med pastaen i cirka 5 minutter.

g) Hæld lidt olie i gryden, tilsæt hvidløg, tomater og forårsløg. Steg ved svag varme i 5 minutter, tilsæt broccolien i sidste øjeblik.

34. Laks med grillede løg

Gør 8 til 10 portioner

ingredienser

- 2 kopper hårdttræflis, gennemblødt i vand
- 1 stor side opdrættet norsk laks (ca. 3 pund), stiftben fjernet
- 3 kopper Smoking Brine, lavet med vodka
- ¾ kop Rygende Rub
- 1 spsk tørret dildukrudt
- 1 tsk løgpulver
- 2 store rødløg, skåret i -tommer tykke runder
- ¾ kop ekstra jomfru olivenolie 1 bundt frisk dild
- Finrevet skal af 1 citron 1 fed hvidløg, hakket
- Groft salt og kværnet sort peber

Vejbeskrivelse

a) Læg laksen i en jumbo (2-gallon) lynlåspose. Hvis du kun har 1-gallons poser, så skær fisken i to og brug to poser. Tilsæt saltlage til posen/poserne, tryk luften ud og forsegl. Stil på køl i 3 til 4 timer.
b) Bland alt undtagen 1 spsk af rub med den tørrede dild og løgpulver og sæt til side. Læg løgskiverne i blød i isvand. Opvarm en grill til indirekte lav varme, omkring 225iF, med røg. Dræn træfliserne og kom dem på grillen.
c) Fjern laksen fra saltlagen og dup tør med køkkenrulle. Kassér saltlagen. Beklæd fisken med 1 spsk af olien og drys den kødfulde side med rub, der har tørret dild i den.

d) Løft løgene fra isvandet og dup dem tørre. Overtræk med 1 spsk af olien og drys med de resterende 1 spsk rub. Stil fisk og løg til side og hvile i 15 minutter.
e) Pensl grillristen og gnid godt med olie. Læg laksen med kødsiden nedad direkte over varmen og grill i 5 minutter, indtil overfladen er gyldenbrun. Brug en stor fiskespatel eller to almindelige spatler, vend fisken med skindsiden nedad og placer den på grillristen væk fra ilden. Læg løgskiverne direkte over bålet.
f) Luk grillen og kog indtil laksen er fast på ydersiden, men ikke tør og spændstig i midten, cirka 25 minutter. Når den er færdig, vil fugt perle gennem overfladen, når fisken forsigtigt presses. Det må ikke flage helt under tryk.
g) Vend løgene én gang i løbet af stegetiden.

35. Ceder planke laks

Serverer: 6

ingredienser

- 1 ubehandlet cedertræ planke (ca. 14" x 17" x 1/2")
- 1/2 kop italiensk dressing
- 1/4 kop hakkede soltørrede tomater
- 1/4 kop hakket frisk basilikum
- 1 (2-pund) laksefilet (1 tomme tyk), skindet fjernet

Vejbeskrivelse

a) Nedsænk cedertræsplanken fuldstændigt i vand, og læg en vægt ovenpå for at holde den helt dækket. Læg i blød mindst 1 time.
b) Forvarm grillen til medium høj varme.
c) I en lille skål kombineres dressing, soltørrede tomater og basilikum; sæt til side.
d) Fjern planken fra vandet. Læg laks på planke; læg på grillen og luk låget. Grill 10 minutter og pensl derefter laksen med dressingblandingen. Luk låget og grill 10 minutter mere, eller indtil laksen let flager med en gaffel.

36. Røget hvidløgslaks

Serverer 4

ingredienser

- 1 1/2 lbs. laksefilet
- salt og peber efter smag 3 fed hvidløg, hakket
- 1 kvist frisk dild, hakket 5 skiver citron
- 5 kviste frisk dild
- 2 grønne løg, hakket

Vejbeskrivelse

a) Forbered ryger til 250 ° F.
b) Spray to store stykker aluminiumsfolie med madlavningsspray.
c) Læg laksefilet oven på det ene stykke folie. Drys laks med salt, peber, hvidløg og hakket dild. Arranger citronskiver ovenpå fileten og læg en kvist dild oven på hver citronskive. Drys filet med grønne løg.
d) Ryg i cirka 45 minutter.

37. Grillet laks med friske ferskner

Portioner: 6 portioner

ingredienser

- 6 laksefileter, 1 tomme tykke
- 1 stor dåse fersken i skiver, lys sirupsort
- 2 spsk hvidt sukker
- 2 spsk let sojasovs
- 2 spsk dijonsennep
- 2 spsk usaltet smør
- 1 1-tommers frisk ingefærknop, revet
- 1 spsk olivenolie, ekstra jomfru variant
- Salt og peber efter smag
- Friskhakket koriander

Rutevejledning:

a) Dræn de skivede ferskner og gem omkring 2 spiseskefulde lys sirup. Skær ferskerne i mundrette stykker.

b) Læg laksefileterne i et stort ovnfast fad.

c) I en mellemstor gryde tilsættes den reserverede ferskensirup, hvidt sukker, sojasauce, dijonsennep, smør, olivenolie og ingefær. Fortsæt med at røre ved svag varme, indtil blandingen tykner en smule. Tilsæt salt og peber efter smag.

d) Sluk for varmen og fordel lidt af blandingen i laksefileterne generøst ved at bruge en drypningspensel.

e) Kom de skivede ferskner i gryden og dæk dem grundigt med glasuren. Hæld de glaserede ferskner over laksen og fordel jævnt.

f) Bag laksen i omkring 10-15 minutter ved 420F. Hold godt øje med laksen, så retten ikke brænder på.

g) Drys lidt friskhakket koriander før servering.

38. Ingefær grillet laksesalat

Udbytte: 4 portioner

ingredienser

- ¼ kop fedtfri yoghurt
- 2 spsk finthakket frisk ingefær
- 2 fed hvidløg, finthakket
- 2 spsk Frisk limesaft
- 1 spsk Friskrevet limeskal
- 1 spsk honning
- 1 spsk rapsolie
- ½ tsk salt
- ½ tsk Friskkværnet sort peber
- 1¼ pund laksefilet, 1 tomme tyk, skåret i 4 stykker, skind på, stiftben fjernet
- Brøndkarse og syltet ingefærsalat
- Limebåde til pynt

Rutevejledning:

a) I en lille skål piskes yoghurt, ingefær, hvidløg, limesaft, limeskal, honning, olie, salt og peber sammen.

b) Læg laksen i et lavvandet glasfad og hæld marinade over det, og vend laksen til at dække på alle sider. Dæk til og mariner i køleskabet i 20 til 30 minutter, vend en eller to gange.

c) Forbered i mellemtiden en kulild eller forvarm en gasgrill. (Brug ikke en grillpande, laksen sætter sig fast.) 3. Beklæd grillristen med olie med en langskaftet grillbørste.

d) Læg laksen med skindsiden opad på grillen. Kog i 5 minutter. Brug 2 metalspatler, vend forsigtigt laksestykkerne og kog lige indtil de er uigennemsigtige i midten, 4 til 6 minutter længere. Fjern laksen fra grillen med 2 spatler. Slip huden af.

e) Vend brøndkarsesalat med dressing og fordel på 4 tallerkener. Top med et stykke grillet laks. Pynt med limebåde. Server straks.

39. Grillet laks med fennikelsalat

Udbytte: 2 portioner

Ingrediens

- 2 140 g laksefileter
- 1 fennikel; fint skåret
- ½ pære; fint skåret
- Et par stykker valnødder
- 1 knivspids knust kardemommefrø
- 1 appelsin; segmenteret, juice
- 1 bundt koriander; hakket
- 50 gram Let fromage frais
- 1 Knip pulveriseret kanel
- Flagret stensalt og stødt sort peber

Rutevejledning:

a) Krydr laksen med salt og peber og grill under grillen.

b) Bland pæren med fennikel og smag til med rigeligt sort peber, kardemomme og valnødder.

c) Blend appelsinsaft og -skal med fromage frais og tilsæt lidt kanel. Læg en bunke fennikel i midten af tallerkenen og snør laksen ovenpå. Pynt ydersiden af tallerkenen med appelsinsegmenter og dryp med orange fromage frais.

d) Fennikel reducerer alkoholens toksinvirkninger i kroppen og er en god fordøjelse.

40. Grillet laks med kartoffel og brøndkarse

Udbytte: 6 portioner

Ingrediens

- 3 pund Lille rød tyndhudet
- Kartofler
- 1 kop rødløg i tynde skiver
- 1 kop krydret riseddike
- Omkring 1/2-pund brøndkarse
- Skyllet og sprødt
- 1 laksefilet, ca. 2 lbs.
- 1 spsk sojasovs
- 1 spsk Fast pakket brun farin
- 2 kopper Alder eller mesquite flis
- Opblødt i vand
- Salt

Rutevejledning:

a) I en 5-til 6-quart gryde bringes omkring 2 liter vand i kog over høj varme; tilsæt kartofler. Dæk og lad det simre ved lav varme, indtil kartoflerne er møre, når de er gennemboret, 15 til 20 minutter. Dræn og afkøl.

b) Læg løgene i blød i cirka 15 minutter i koldt vand, så de dækker. Dræn og bland løg med riseddike. Skær kartofler i kvarte; tilføje til løg.

c) Klip de møre brøndkarsekviste fra stænglerne, og hak derefter nok af stænglerne fint til at lave ½ kop (kassér ekstramateriale eller gem til anden brug). Bland hakkede stængler på et stort ovalt fad med kartoffelsalat ved siden af; dæk til og opbevar køligt. Skyl laks og dup tør. Læg med skindsiden nedad på et stykke kraftig folie. Skær folie til at følge fiskens konturer, efterlad en 1-tommers kant.

d) Krymp kanterne af folien for at passe op mod kanten af fisken. Bland sojasauce med farin og pensl på laksefileten.

e) Læg fisken på midten af grillen, ikke over kul eller ild. Dæk grillen til (åbne ventilationsåbninger til trækul) og kog, indtil fisken næsten ikke er uigennemsigtig i den tykkeste del (skåret for at prøve), 15 til 20 minutter. Overfør fisk til fad med salat. Tilsæt salt efter smag. Serveres varm eller kold.

41. Laks vina olki

Udbytte: 1 portion

Ingrediens

- 2 kopper eddike
- 4 kopper vand
- 2 tsk kanel
- 4 teskefulde stødt spidskommen
- 6 store fed hvidløg, mosede
- Salt og peber efter smag
- Laks

Rutevejledning:

a) Bland alle ingredienserne i en stor kedel og rør godt.

b) Tilsæt lakseskiver og rør godt rundt, så hver skive absorberer krydderierne og hvidløget.

c) Lad ligge i saltlage natten over, men ikke længere end 24 timer, da laks har tendens til at blive grødet.

d) Fjern fra saltlage, rul i kikskrummer eller mel og steg i varm olie.

42. Laks og Boletus Kebab

Ingredienser:

- ¼ kop olivenolie
- ¼ kop persille, finthakket
- ¼ kop frisk timian, stilket, finthakket
- 2 spsk citronsaft
- 2 spsk groftkværnet sort peber
- 1 tsk salt
- 1½ pund laksefileter, skåret i 24 tern
- 1 til 1½ pund svampe
- 8 træspyd
- Citronbåde

Rutevejledning:

a) Bland olie, persille, timian, citronsaft, salt og peber i en stor skål.

b) Tilsæt laksestykker, bland grundigt, dæk til og stil på køl i 1 time.

c) Forvarm en grill.

d) Tag blandingen ud af køleskabet, tilsæt champignonklumperne og vend for at belægge svampene med marinaden. Afdryp i et dørslag.

e) Skift laks og svampe på spyd for at lave otte kebab, hver lagdelt med tre stykker fisk og tre stykker svampe.

f) Læg de udblødte spyd på en olieret grill og steg dem i 4 minutter. Vend og steg 4 minutter længere, eller indtil fileterne er lidt bløde at røre ved.

43. Grillet vild kongelaks

Ingredienser:

- 1 hummer, 1¾ pund
- ½ kop smeltet smør
- 2 pund laksefileter
- ¼ kop finthakket rødløg
- 3 spsk hvid eddike
- 2 spsk vand
- ¼ kop tung fløde
- 2 spsk finthakket frisk estragon
- 4 spsk (½ stang) smør
- Salt og friskkværnet sort peber
- Citronbåde og saft
- Blodappelsin salat

Rutevejledning:

a) Dryp smør og citronsaft i hummerhulen.

b) Læg hummeren på ryggen på grillen, over røgpanden. Luk låget og ryg i cirka 25 minutter. Overfør til et skærebræt og fjern kødet fra halen og kløerne, og gem korallerne og al juice i køleskabet.

c) Bring løg, eddike og vand i kog i en mellemstor gryde ved medium-høj varme; reducer varmen og lad det simre i 3 til 4 minutter, eller indtil det er reduceret med cirka det halve. Tilsæt fløde og estragon; simre i 1 til 2 minutter, eller indtil reduceret til det halve. Pisk smørstykkerne i.

d) Forbered grillen og læg laksen på den varme side.

e) Kom hummerstykkerne og saften i gryden med beurre blanc, rør rundt og skru op for varmen til medium høj. Lad det simre, tildækket, under omrøring flere gange, i 3 til 4 minutter, eller indtil hummerkødet er gennemvarmet.

44. Ahornsirup Laksesteaks

Ingredienser:

- ¼ kop ren ahornsirup
- ¼ kop mirin eller hvidvin
- ¼ kop sojasovs med lavt natriumindhold
- 2 spsk olivenolie
- Saft af ½ citron
- skal af 1 citron (ca. 1 spsk)
- 2 spsk revne sorte peberkorn
- 2 pund laks, skåret i ¾-tommer tykke bøffer

Rutevejledning:

a) Bland ahornsirup, mirin, sojasovs, olie, citronsaft og peberkorn i en ikke-ætsende beholder. Læg bøfferne i marinaden og stil dem på køl i 30 minutter.

b) Forvarm en grill.

c) Fjern laksebøfferne fra marinaden, afdryp, dup dem tørre, og gem marinaden. Læg bøfferne direkte over blusset og steg i 4 minutter; vend og steg 4 minutter mere, eller indtil bøfferne er lidt bløde at røre ved. Grill en kortere tid for sjældne, længere for gennemstegt.

d) I mellemtiden, efter at have vendt bøffer, opvarmer du marinaden i en lille gryde ved middel-høj varme, indtil den koger, og lad den simre i 5 minutter. Sluk straks for varmen.

e) Hæld sauce over laksebøfferne.

45. Laks og majssaft

Ingredienser:

- 1 pund laksefilet
- 2 aks frisk majs
- 2 spsk olivenolie
- 1 mellemstor finthakket løg
- 1 medium Yukon guld kartoffel i tern
- 2 kopper sødmælk
- 1 kop let fløde
- 4 spsk usaltet smør
- ½ tsk Worcestershire sauce
- ¼ kop finthakket estragon
- 1 tsk paprika
- Salt og friskkværnet sort peber
- Østers kiks

Rutevejledning:

a) Forvarm en grill.

b) Læg laksen og majskolberne på den olierede grill. Kog 6 minutter; vend derefter og kog 4 til 5 minutter længere. Sæt til side.

c) Med en skarp kniv fjerner du majskolberne og skærer laksen i mundrette stykker. Sæt til side.

d) Opvarm 1 spsk af olien i en 4-quart gryde over medium-høj varme. Tilsæt løg og kartoffel. Kog, tildækket, i cirka 10 minutter, eller indtil løgene er bløde. Tilsæt mælk, fløde, smør og Worcestershire sauce. Lad det simre i cirka 10 minutter, eller indtil kartoflerne er bløde

e) Rør majs, laks, estragon, paprika, salt og peber i og lad det simre i 5 minutter.

f) Overfør til skåle og server straks med østerskiks.

46. Dildkuret laks

Serverer 6

Ingredienser:

- 2 x 750 g (1 lb 10 oz) laksefileter
- 1 stort bundt dild, groft hakket
- 100 g (4 oz) groft havsalt
- 75 g (3 oz) flormelis
- 2 spiseskefulde knuste hvide peberkorn

Peberrod og sennepssauce
- 2 tsk fintrevet peberrod (frisk eller fra en krukke)
- 2 tsk fintrevet løg
- 1 tsk dijonsennep
- 1 tsk rørsukker
- 2 spsk hvidvinseddike
- godt nip salt
- 175 ml (6 fl oz.) dobbelt creme

Rutevejledning:

a) Læg en af laksefileterne med skindsiden nedad på et stort stykke husholdningsfilm. Bland dilden med salt, sukker og knuste peberkorn og fordel det ud over laksens snitflade. Læg den anden filet ovenpå med skindsiden opad.

b) Pak fisken tæt ind i to eller tre lag husholdningsfilm og løft den op på en stor, lav bakke. Hvil en lidt mindre bakke eller skærebrættet oven på fisken og vej den ned. Afkøl i 2 dage, vend fisken hver 12. time, så den saltede blanding, der vil udvikle sig inde i pakken, drypper fisken.

c) For at lave peberrods- og sennepssaucen røres alle ingredienserne undtagen fløden sammen. Pisk fløden til bløde toppe, rør peberrodsblandingen i, dæk til og afkøl.

d) For at servere skal du fjerne fisken fra den saltede blanding og skære den i meget tynde skiver, som du ville ryge laks. Anret et par skiver af gravlaksen på hver tallerken og server med noget af saucen.

47. Frisk atlantisk laks sauteret

Udbytte: 1 portion

Ingrediens

- 3 laksefileter
- 1 spsk Smør
- $\frac{1}{4}$ teskefuld kokkesalt
- $\frac{1}{2}$ kop krydret mel
- 1 spsk tomat i tern
- 1 spsk Grønt løg i tern
- 1 spsk Svampe i skiver
- 2 spsk hvid madlavningsvin
- $\frac{1}{2}$ saft af lille citron
- 2 spsk Blødt smør

Rutevejledning:
a) Skær laks i tynde skiver. Smag laksen til med kokkesalt og drys i mel.

b) Svits hurtigt i smør på hver side og fjern. Tilsæt champignon i skiver, tomat, grønt løg, citronsaft og hvidvin.

c) Reducer over varmen i cirka 30 sekunder. Rør smør i og server sauce over laks.

48. Grillet laks med pancetta

Udbytte: 4 portioner

Ingrediens

- 1 pund friske morelsvampe
- 2 Skalotteløg; Hakket
- 1 fed hvidløg; Hakket
- 10 spiseskefulde Smør; Skær i stykker
- 1 kop tør sherry eller madeira
- 4 stykker laksefileter
- Olivenolie
- Salt og friskkværnet peber
- 16 grønne løg
- 4 spiseskefulde Pancetta; Terninger og trimmet

Rutevejledning:

a) Sauter skalotteløg og hvidløg i 2 spsk smør ved svag varme, indtil de er bløde. Tilsæt morkler, skru op for varmen og kog i 1 minut. Tilsæt sherry og reducer til det halve.

b) Pisk det resterende smør i, arbejde på og af varmen, indtil det er emulgeret.

c) Varm en grill eller rillet grillpande op. Pensl laksefileter med olie og krydr med salt og peber. Overfør laksen til en stor pande og steg i ovnen i 5 til 10 minutter.

d) Opvarm en mellemstor, tung stegepande over høj varme. Tilsæt et par spiseskefulde olivenolie. Tilsæt grønne løg og pancetta. Kog kort, og ryst panden for at forhindre stegning. Tilsæt morkelblanding og bland. Krydr let.

e) Læg en laksefilet i midten af en varm middagstallerken. Hæld morkelblandingen over toppen og rundt om siderne.

49. Krydret kokosbouillon med laks

Ingrediens

- 1 150 g. stykke laks pr. person; (150 til 180)
- 1 kop jasminris
- ¼ kop grønne kardemommebælg
- 1 tsk nelliker
- 1 tsk hvide peberkorn
- 2 kanelstænger
- 4 Stjerneanis
- 2 spsk olie
- 3 løg; fint hakket
- ½ tsk gurkemeje
- 1 liter kokosmælk
- 500 milliliter Kokoscreme
- 6 store modne tomater
- 1 spsk brun farin
- 20 milliliter fiskesauce
- Salt efter smag
- 2 spsk Garam masala

Rutevejledning:

a) Garam Masala: Tørrist krydderierne separat i en pande. Kom alle krydderierne i en kaffekværn eller morter og stød og kværn.

b) Krydret kokosbouillon: Varm olie op i en stor pande og steg løg, indtil de er gennemsigtige. Tilsæt gurkemeje og ingefær og kog ved lav varme i cirka 20 minutter, og tilsæt derefter de resterende ingredienser. Bring det i kog.

c) Mens bouillon koger koges laks og jasminris. Laksen kan pocheres i fiskefond, grilles char eller steges på panden.

50. Columbia River Chinook

Ingredienser:

- 1 kop friske kirsebær, vasket og udstenet
- ½ kop fiske- eller hønsefond
- ¼ kop frisk timian, opstammet
- 2 spsk brandy
- 1 tsk frisk citronsaft
- 2 spsk brun farin
- 1½ tsk balsamicoeddike
- 1½-2 pund laksefileter
- Citronbåde

Rutevejledning:

a) Forvarm en grill.

b) Puls kirsebærene tre eller fire gange i skålen i en foodprocessor, indtil de er groft hakket.

c) Svits bouillon, timian, brandy og citronsaft i en gryde ved middel varme i 10 til 12 minutter, eller indtil det er reduceret til det halve.

d) Tilsæt brun farin og eddike, rør rundt og lad det simre i 2 til 3 minutter, indtil det er gennemvarmet. Tag den af varmen, men hold den varm.

e) Læg laksefileterne på den olierede grill og steg 4 til 5 minutter; vend og steg 4 til 5 minutter længere, indtil fileterne er lidt bløde at røre ved.

f) Del i fire portioner. Hæld varm sauce på midten af fire tallerkener, hvilket skaber pools. Læg laksen direkte ovenpå saucen.

51. Ovnstegt laks og grøntsager

Portioner: 4 portioner

Ingredienser:
- 4 laksefileter
- 2 store tomater, skåret i kvarte
- 2 store løg, gerne røde varianter og skåret i kvarte
- 1 stor hvidløgsløg, skåret i halve
- 2 store peberfrugter, røde og grønne varianter og skåret i strimler
- 1 kop zucchini, skåret i halv tomme tykke
- 1 kop broccolibuketter
- 3 spiseskefulde ekstra jomfru olivenolie
- 1 spsk usaltet smør
- 1 tsk tørret dild
- Salt og peber efter smag
- Friske basilikumblade, finthakket

Rutevejledning:
a) Forvarm ovnen til 375F, mens du forbereder de hakkede grøntsager.
b) Læg alle grøntsagerne i en stor ovnfast fad og dryp lidt olivenolie over. Smag til med salt og peber og sørg for, at de hakkede grøntsager er jævnt belagt med olivenolie. Fordel grøntsagerne i siderne af bageformen.
c) Læg de krydrede laksefileter i midten. Hæld det blødgjorte smør ovenpå.
d) Kog i 18-20 minutter, eller indtil laksen nemt kan flages og grøntsagerne er gaffelmøre.
e) Kom friskhakket basilikum i inden servering.

52. Soja- og honningglaseret laks

Portioner: 6 portioner

Ingredienser:
- 6 friske laksefileter, 1 tomme tykke
- 4 spiseskefulde ristet sesamolie
- 3 store peberfrugter, fjernet fra kernerne og skåret i tynde strimler
- 2 mellemstore rødløg, skåret i kvarte
- 4 spiseskefulde lys sojasovs
- 1 spsk ingefær, skrællet og revet
- 3 spiseskefulde ren honning
- Salt og peber efter smag
- Forårsløg til pynt

Rutevejledning:
a) Læg laksen i en stor bradepande, og lad forsigtigt 1-tommers mellemrum mellem fileterne. Tilsæt de skåret peberfrugter – grøn, rød og gul for en mere smagfuld effekt – og løg til panden. Dryp halvdelen af sesamolien over fisken. Drys salt og peber efter smag.
b) I en mellemstor skål tilsættes sojasovs, honning, revet ingefær, friskkværnet peber og resten af sesamolien.
c) Bland saucen grundigt.
d) Hæld saucen over fisken. Bag laksen ved 420F i 25 minutter.
e) Server straks og pynt med forårsløg. Den spises bedst med friskdampede hvide ris.

53. Krydret laks og nudelsuppe

Portioner: 4 portioner

Ingredienser:
- 4 laksefileter, 1 tomme tykke
- 2 kopper kokosmælk
- 3 kopper grøntsagsfond, hjemmelavet eller instant sort
- 200 gram nudler i asiatisk stil eller risnudler
- 5 spsk hvidløg, hakket
- 2 store hvide løg, fint skåret
- 2 store røde chilipeber, finthakket og fritstillet
- 1 1-tommers frisk ingefærknop, skåret i tynde skiver
- 3 spiseskefulde rød karrypasta
- 1 spsk vegetabilsk olie
- ½ kop forårsløg, finthakket
- Håndfuld koriander, finthakket
- Salt og peber efter smag

Rutevejledning:
a) Varm vegetabilsk olie op i en stor gryde ved lav til medium varme. Tilsæt hakket hvidløg, hvidløg, chilipeber, ingefær og rød karrypasta i et par minutter, indtil hele blandingen dufter.
b) Hæld kokosmælk og grøntsagsfond i den sauterede blanding. Bring bouillonen langsomt op i 5-8 minutter.
c) Kom laksen og nudlerne i gryden og kog i 5-8 minutter. Tjek nudlernes tilberedningstid ud fra pakkens anvisninger og juster derefter. Sørg for, at laksen ikke bliver overstegt.

d) Kom forårsløg og korianderblade i gryden og sluk for varmen. Smag til med salt og peber.
e) Kom straks over i individuelle skåle og pynt med mere koriander og/eller forårsløg.

54. Pocheret laks med grøn urtesalsa

Portioner: 4 portioner

Ingredienser:
- 3 kopper vand
- 4 grønne teposer
- 2 store laksefileter (ca. 350 gram hver)
- 4 spiseskefulde ekstra jomfru olivenolie
- 3 spsk citronsaft, friskpresset
- 2 spsk persille, friskhakket
- 2 spsk basilikum, friskhakket
- 2 spsk oregano, friskhakket
- 2 spsk asiatisk purløg, friskhakket
- 2 tsk timianblade
- 2 tsk hvidløg, hakket

Rutevejledning:
a) Bring vand i kog i en stor gryde. Tilsæt de grønne teposer, og tag dem derefter af varmen.
b) Lad teposerne trække i 3 minutter. Fisk teposerne op af gryden og bring det te-infunderede vand i kog. Tilsæt laksen og sænk varmen.
c) Pocher laksefileterne, indtil de bliver uigennemsigtige i den midterste del. Kog laksen i 5-8 minutter eller indtil den er gennemstegt.
d) Tag laksen op af gryden og stil den til side.
e) I en blender eller foodprocessor hælder du alle de friskhakkede krydderurter, olivenolie og citronsaft. Blend godt indtil blandingen danner en glat pasta. Smag pastaen til med salt og peber. Du kan justere krydderierne efter behov.

f) Anret den pocherede laks på et stort fad og top med den friske urtepasta.

55. Honning sennep glaseret laks

Portioner: 4 portioner

Ingredienser:
- 4 laksefileter, 1 tomme tykke
- 5 spiseskefulde dijonsennep
- 5 spiseskefulde ren honning
- 2 spsk let sojasovs
- 2 spsk smør, usaltet sort
- 2 spsk hvidløg, hakket
- Salt og peber efter smag
- Canola olie
- Friskhakkede timianblade

Rutevejledning:
a) Krydr laksefileterne med salt og peber. Pensl eller sprøjt bradepanden med rapsolie, og læg derefter laksen med skindsiden nedad.
b) I en mellemstor skål piskes dijonsennep, ren honning og sojasovs sammen. Rør hakket hvidløg i og bland godt.
c) Fordel blandingen rigeligt på begge sider af laksefileterne ved hjælp af en wienerbrødspensel.
d) Drys laksen med timianblade.
e) Kog laksen ved 450F i 20 minutter. Hæld evt. den resterende honning sennepsblanding i. Bag laksen til den er færdig.
f) Kom straks over på en tallerken og læg nogle timianblade ovenpå.

56. Peberrod Laks

Portioner: 4 portioner
Ingredienser:
Laksefilet
- 8 laksefileter, 1 tomme tykke
- 3 spsk peberrodssauce
- 3 spsk let sojasovs
- 3 spiseskefulde olivenolie, ekstra jomfru sort
- 2 spsk hvidløg, hakket
- Salt og peber efter smag

Peberrod Sauce
- 1 spsk let sojasovs
- 2 spsk citronsaft, friskpresset
- 3 spsk peberrodssauce
- 1 kop creme fraiche
- 2 spsk mayonnaise, fedtfattig variant

Rutevejledning:
a) I en mellemstor skål hældes alle ingredienserne og blandes godt. Dæk til med plastfolie og lad det stå på køl i mindst en time.
b) I en separat skål piskes peberrodssaucen, olivenolie, sojasovs og hvidløg. Smag til med salt og peber og juster evt krydderierne.
c) Læg laksefileterne i en stor bradepande eller en grillrist. Smør panden eller grillristen. Pensl den tilberedte blanding på begge sider af laksefileterne.
d) Bag laksen i mindst 20 minutter. Hvis du bruger grillstativet, så lad laksen stege i 5 minutter på hver side.
e) Server fiskefileterne straks med hvide ris. For en sundere mulighed kan du servere brune ris sammen med laksen. Server med afkølet peberrodssauce ved siden af.

57. Varm laks og kartoffelsalat

Portioner: 3-4 portioner

Samlet forberedelsestid: 30 minutter

Ingredienser:
- 3 laksefileter, 1 tomme tykke og uden skind
- 4 store kartofler, skåret i mundrette stykker
- Håndfuld rucola og spinatblade
- ¾ kop creme fraiche
- 2 spsk citronsaft
- 2 spsk ren honning
- 2 tsk dijonsennep
- 1 tsk hvidløg, hakket
- Salt og peber efter smag
- Korianderblade til pynt

Rutevejledning:
a) Krydr laksen let med salt og peber. Pak ind i folie og læg i et bradefad. Kog i 15-20 minutter ved 420F eller indtil det er helt gennemstegt.
b) I en mellemstor gryde koges de hakkede kartofler, indtil de er bløde. Dræn straks og sæt til side.
c) I en stor salatskål kombineres creme fraiche, citronsaft, honning, sennep og hvidløg. Bland alle ingredienserne grundigt. Tilsæt salt og peber efter smag.
d) Riv salatbladene i hånden og smid dem i skålen. Tilsæt de kogte kartofler.
e) Flæk den kogte laks i mundrette stykker og smid dem i salatskålen. Bland ingredienserne godt sammen.
f) Drys lidt friskhakket koriander før servering.

58. En-potte laks med ris og snapseærter

Portioner: 4 portioner

Ingredienser:
- 1 kop hvide ris, langkornet sort
- 2 kopper vand
- 1-pund laks, skindet fjernet og skåret i 4 stykker
- ½ kop sukkerærter
- 6 spiseskefulde lys sojasovs
- 2 spiseskefulde riseddike
- 1 1-tommers frisk ingefærknop, revet
- 1 spsk brun farin
- Salt og peber efter smag
- ½ kop friskhakkede forårsløg

Rutevejledning:
a) Vask risene efter anvisningen på pakken. Kombiner ris og vand i en mellemstor stegepande og læg låg på. Bring blandingen i kog ved lav til medium varme i 10 minutter.
b) Krydr laksen med salt og peber. Tilsæt derefter straks oven på risene.
c) Kog laksen til risene har suget alt vandet.
d) Tilsæt snapsærter og dæk panden i 5 minutter mere. Tjek om ærterne allerede er møre og laksen har nået den ønskede færdighed.
e) I en lille skål blandes sojasovsen, eddike, forårsløg, ingefær og sukker. Juster krydderierne efter behov.
f) Overfør laks, ris og ærter til et fad og server det hele sammen med saucen. Drys lidt friskhakkede forårsløg over laks og ris.

59. Hvidløgsstegt laks med tomater og løg

Portioner: 6 portioner

Ingredienser:
- 6 laksefileter, uden skind
- 4 store tomater, skåret i halve
- 3 mellemstore rødløg, skåret i kvarte
- 2 spsk ekstra jomfru olivenolie
- 1 tsk paprikapulver
- 1 stor hvidløgsløg, hakket
- 10 friske timianfjedre
- 1 spsk usaltet smør
- Salt og peber efter smag

Rutevejledning:
a) Gnid det usaltede smør ind i en stor ovnfast fad og sørg for, at fadet er jævnt belagt.
b) Læg laksefileterne, tomaterne og løgene i bradepanden.
c) Dryp med ekstra jomfru olivenolie og tilsæt et skvæt salt og peber. Drys lidt paprikapulver på begge sider af laksen.
d) Tilsæt hakket hvidløg og frisk timian til laksen.
e) Kog laksen i 10-12 minutter ved 420F. For at tjekke om laksen er tilberedt, prik i den med en gaffel og se om flagerne let går i stykker.
f) Overfør straks laksen og grøntsagerne til et serveringsfad. Smid nogle timianblade for ekstra friskhed.

60. Bagt laks med sorte bønnesauce

Portioner: 4 portioner

Ingredienser:
- 4 laksefileter, skind og ben fjernet
- 3 spiseskefulde sorte bønnesauce eller sorte bønne hvidløgssauce
- ½ kop hønsefond (eller grøntsagsfond som en sundere erstatning)
- 3 spsk hvidløg, hakket
- 1 1-tommers frisk ingefærknop, revet
- 2 spsk sherry eller sake (eller enhver madlavningsvin)
- 1 spsk citronsaft, friskpresset
- 1 spsk fiskesauce
- 2 spsk brun farin
- ½ tsk røde chiliflager
- Friske korianderblade, finthakket
- Forårsløg som pynt

Rutevejledning:
a) Smør en stor bradepande eller beklæd den samme med bagepapir. Forvarm ovnen til 350F.
b) Kombiner hønsefond og sort bønnesauce i en mellemstor skål. Tilsæt hakket hvidløg, revet ingefær, sherry, citronsaft, fiskesauce, farin og chiliflager. Bland grundigt indtil brun farin er helt opløst.
c) Hæld den sorte bønnesauce over laksefileterne og lad laksen absorbere den sorte bønneblanding helt i mindst 15 minutter.
d) Overfør laksen til bageformen. Kog i 15-20 minutter. Sørg for, at laksen ikke bliver for tør i ovnen.
e) Server med hakket koriander og forårsløg.

61. Laksefiskekager med grøntsagsris

Portioner: 4 portioner

Samlet forberedelsestid: 30 minutter

Ingredienser:

Lakse kager
- 2 dåser lyserød laks, drænet
- 1 stort æg
- ½ kop panko brødkrummer
- ½ spsk majsstivelse
- 2 spsk kapers, drænet
- 3 spsk forårsløg eller persille, hakket
- Salt og peber efter smag
- Vegetabilsk olie til stegning

Grøntsagsris
- 1 kop brune ris, ukogte
- ½ kop grønne ærter
- ¼ kop revne gulerødder
- ¼ kop sukkermajs
- 3 spiseskefulde forårsløg
- 2 spsk citronsaft, friskpresset

Rutevejledning:
a) Kom alle ingredienserne til laksekagerne i en blender eller foodprocessor. Blend godt indtil det danner en tyk pasta.
b) Lad blandingen køle af i køleskabet i 20 minutter.
c) Når blandingen er lidt fast, læg 1 spsk i dine hænder og form den til en patty. Gentag denne proces, indtil alle laksebøfferne er formet og formet.
d) Varm lidt vegetabilsk olie op i en stor stegepande og steg laksefrikadellerne, indtil de er sprøde gyldenbrune.
e) Mens frikadelleblandingen er inde i køleskabet, kog de brune ris i henhold til pakkens anvisninger. Tilsæt de grønne ærter, gulerødder og majs i riskogeren, når alt vandet er absorberet. Bland risene sammen med grøntsagerne og lad den resterende damp koge grøntsagerne. Tilsæt den friskpressede citronsaft.
f) Drys nogle friskhakkede grønne løg på grøntsagsrisene inden servering. Server med sprøde laksekager ved siden af.

62. Soja ingefær laks

Portioner: 4 portioner

Ingredienser:
- 4 laksefileter, skind og ben fjernet
- 4 spiseskefulde frisk ingefær, revet
- 2 spsk hvidløg, hakket
- 1 spsk brun farin
- 2 spsk ren honning
- 1 tsk dijonsennep
- $\frac{1}{2}$ kop frisk appelsinjuice
- 3 spsk let sojasovs
- Finrevet appelsinskal
- Salt og peber efter smag
- 1 spsk ekstra jomfru olivenolie

Rutevejledning:
a) I en mellemstor til stor skål piskes appelsinjuice, honning, sojasauce, appelsinskal, sennep, sukker, hvidløg og ingefær godt sammen. Rør den friskrevede appelsinskal i. Hæld halvdelen af denne blanding over laksen.
b) Forvarm ovnen til 350F. Krydr laksen med friskkværnet peber og salt, og pensl derefter jævnt med olivenolie.
c) Læg laksen i bradepanden og bag i 15-20 minutter.
d) Hæld den anden halvdel af blandingen i en lille til mellemstor gryde og bring det i kog. Rør derefter løbende blandingen i 5 minutter eller indtil saucen tykner.
e) Dryp saucen over laksen. Pynt med friskhakket koriander eller forårsløg.

63. Laks med chili kokos sauce

Portioner: 6 portioner

Ingredienser:
- 6 laksefileter
- 2 spsk usaltet smør
- 1 spsk ekstra jomfru olivenolie
- 4 fed hvidløg, hakket
- 4 spsk hvidløg, hakket
- 1 1-tommer ingefærknop, revet
- 2 kopper ren kokosmælk
- 2 spsk rød chilipeber, groft hakket
- 3 spiseskefulde koriander, hakket
- Salt og peber efter smag

Rutevejledning:
a) Krydr laksefileterne med friskkværnet peber og salt.
b) Varm smør og olivenolie op ved lav til medium varme, og smid derefter straks hvidløg, løg og ingefær i en stor gryde. Rør konstant og kog i 2 minutter, eller indtil disse krydderier bliver duftende. Tilsæt chilipeberne for et ildfast kick.
c) Hæld langsomt kokosmælken i og bring det i kog. Lad dette simre i 10 minutter, eller indtil saucen tykner.
d) Hæld lidt olivenolie i en separat stegepande og læg laksefileterne. Steg hver side i 5 minutter ved lav varme. Pas på ikke at brænde fileterne på, og overfør dem derefter til et serveringsfad med det samme.
e) Hæld den krydrede kokossauce over laksefileterne. Top med friskhakket koriander for et savleværdigt udseende.

64. Paprika grillet laks med spinat

Portioner: 6 portioner

Ingredienser:
- 6 lyserøde laksefileter, 1 tomme tykke
- $\frac{1}{4}$ kop appelsinjuice, friskpresset
- 3 tsk tørret timian
- 3 spiseskefulde ekstra jomfru olivenolie
- 3 tsk sød paprikapulver
- 1 tsk kanelpulver
- 1 spsk brun farin
- 3 kopper spinatblade
- Salt og peber efter smag

Rutevejledning:
a) Pensl lidt oliven på hver side af laksefileterne, og krydr med paprikapulver, salt og peber. Stil til side i 30 minutter ved stuetemperatur. Lad laksen absorbere paprika rub.
b) I en lille skål blandes appelsinjuice, tørret timian, kanelpulver og brun farin.
c) Forvarm ovnen til 400F. Overfør laksen til en foliebeklædt bradepande. Hæld marinaden til laksen. Kog laksen i 15-20 minutter.
d) Tilsæt en teskefuld ekstra jomfru olivenolie i en stor stegepande og kog spinaten i cirka et par minutter, eller indtil den er visnet.
e) Server den bagte laks med spinat ved siden af.

65. Laks Teriyaki med grøntsager

Portioner: 4 portioner

Ingredienser:
- 4 laksefileter, skind og ben fjernet
- 1 stor sød kartoffel (eller blot kartoffel), skåret i mundrette stykker
- 1 stor gulerod, skåret i mundrette stykker
- 1 stort hvidt løg, skåret i tern
- 3 store peberfrugter (grøn, rød og gul), hakket
- 2 kopper broccolibuketter (kan erstattes med asparges)
- 2 spsk ekstra jomfru olivenolie
- Salt og peber efter smag
- Forårsløg, finthakket

Teriyaki sauce
- 1 kop vand
- 3 spiseskefulde sojasovs
- 1 spsk hvidløg, hakket
- 3 spsk brun farin
- 2 spsk ren honning
- 2 spsk majsstivelse (opløst i 3 spsk vand)
- $\frac{1}{2}$ spiseskefulde ristede sesamfrø

Rutevejledning:
a) I en lille stegepande piskes sojasovs, ingefær, hvidløg, sukker, honning og vand ved lav varme. Rør konstant, indtil blandingen simrer langsomt. Rør majsstivelsesvandet i og vent til blandingen tykner. Tilsæt sesamfrø og stil til side.
b) Smør en stor bradepande med usaltet smør eller madlavningsspray. Forvarm ovnen til 400F.
c) Hæld alle grøntsagerne i en stor skål og dryp med olivenolie. Bland godt, indtil grøntsagerne er godt belagt med olie. Smag til med friskkværnet peber og en smule salt.
d) Overfør grøntsagerne til bageformen. Spred grøntsagerne til siderne og lad lidt plads i midten af bageformen.
e) Læg laksen i midten af bageformen. Hæld 2/3 af teriyakisaucen i grøntsagerne og laksen.
f) Bag laksen i 15-20 minutter.
g) Overfør den bagte laks og de ristede grøntsager til et flot serveringsfad. Hæld den resterende teriyakisauce i og pynt med hakkede forårsløg.

66. Grillet laks med friske ferskner

Portioner: 6 portioner

Ingredienser:
- 6 laksefileter, 1 tomme tykke
- 1 stor dåse fersken i skiver, lys sirupsort
- 2 spsk hvidt sukker
- 2 spsk let sojasovs
- 2 spsk dijonsennep
- 2 spsk usaltet smør
- 1 1-tommers frisk ingefærknop, revet
- 1 spsk olivenolie, ekstra jomfru variant
- Salt og peber efter smag
- Friskhakket koriander

Rutevejledning:
a) Dræn de skivede ferskner og gem omkring 2 spiseskefulde lys sirup. Skær ferskerne i mundrette stykker.
b) Læg laksefileterne i et stort ovnfast fad.
c) I en mellemstor gryde tilsættes den reserverede ferskensirup, hvidt sukker, sojasauce, dijonsennep, smør, olivenolie og ingefær. Fortsæt med at røre ved svag varme, indtil blandingen tykner en smule. Tilsæt salt og peber efter smag.
d) Sluk for varmen og fordel lidt af blandingen i laksefileterne generøst ved at bruge en drypningspensel.
e) Kom de skivede ferskner i gryden og dæk dem grundigt med glasuren. Hæld de glaserede ferskner over laksen og fordel jævnt.
f) Bag laksen i omkring 10-15 minutter ved 420F. Hold godt øje med laksen, så retten ikke brænder på.
g) Drys lidt friskhakket koriander før servering.

67. Laks med cremet pesto

Portioner: 4 portioner

Ingredienser:
- 4 laksefileter, 1 tomme tykke
- ¼ kop fuldfløde mælk
- ½ kop flødeost, reduceret fedt/let variant
- 1/3 kop basilikum pesto sauce
- 2 spsk ekstra jomfru olivenolie
- Salt og peber efter smag
- Friskhakket persille

Rutevejledning:
a) Krydr laksen med salt og peber. Tilsæt lidt olivenolie på en grillpande og svits laksen i 5 minutter på hver side, eller indtil den er gennemstegt.
b) Overfør laksefileterne til et serveringsfad.
c) Varm lidt olivenolie op i en mellemstor gryde og tilsæt pestosaucen og kog i 2 minutter.
d) Rør mælk og flødeost i og bland det hele sammen. Fortsæt med at røre, indtil flødeosten smelter helt sammen med pestosaucen.
e) Hæld den cremede pesto i laksen. Pynt med friskhakket persille.

68. Laks og avocado salat

Portioner: 4 portioner

Ingredienser:
- 4 laksefileter, uden skind
- 3 mellemstore avocadoer
- ½ kop agurk, skåret i tynde skiver
- Salt og peber efter smag
- 300 gram salatblade (salat, rucola og brøndkarse)
- Håndfuld friskhakkede mynteblade
- ½ rødløg, skåret i tynde skiver
- 4 spiseskefulde ren honning
- 3 spiseskefulde ekstra jomfru olivenolie
- 3 spsk citronsaft, friskpresset

Rutevejledning:
a) Krydr laksen let med salt og peber.
b) Bag eller grill laksen i 420F i 15-20 minutter eller indtil den ønskede færdighed. Sæt til side et stykke tid.
c) I en stor salatskål kombineres citronsaft, honning og olivenolie. Smag til med salt og peber og juster evt smagen.
d) Skær avocadoerne i mundrette stykker og kom dem i salatskålen.
e) Tilsæt det grønne salat, rødløg og mynteblade til skålen.
f) Flæk laksefileterne i mundrette stykker. Smid dem i skålen. Bland alle ingredienserne godt sammen.

69. Lakse grøntsagssuppe

Portioner: 4 portioner

Ingredienser:
- 2 laksefileter, skindet fjernet og skåret i mundrette stykker
- 1 ½ dl hvidløg, finthakket
- 1 ½ dl sød kartoffel, skrællet og skåret i tern
- 1 kop broccolibuketter, skåret i små stykker
- 3 kopper hønsebouillon
- 2 kopper sødmælk
- 2 spiseskefulde universalmel
- 1 tsk tørret timian
- 3 spsk usaltet smør
- 1 laurbærblad
- Salt og peber efter smag
- Flad persille, finthakket

Rutevejledning:
a) Kog hakket løg i usaltet smør, indtil det er gennemsigtigt. Rør mel i og bland godt med smør og løg. Hæld kyllingebouillon og mælk i, og tilsæt derefter søde kartoffeltern, laurbærblad og timian.
b) Lad blandingen simre i 5-10 minutter under omrøring af og til.
c) Tilsæt laks og broccolibuketter. Kog derefter i 5-8 minutter.
d) Smag til med salt og peber og juster smagen efter behov.
e) Overfør til små individuelle skåle og pynt med hakket persille.

70. Cremet røget laksepasta

Portioner: 2 portioner

Ingredienser:
- 2 store røgede laksefileter i flager i små stykker
- ¾ kop revet parmesanost
- ½ kop universalcreme
- 1 stort rødløg, finthakket
- 3 spsk usaltet smør
- 2 spsk frisk hvidløg, hakket
- 2 spsk sødmælk
- 1 spsk ekstra jomfru olivenolie
- 250 gram fettuccine eller spaghetti nudler
- Salt og peber efter smag
- Frisk persille som pynt

Rutevejledning:
a) Bring en mellemstor til stor gryde vand i kog over middel varme. Tilsæt derefter fettuccine (eller spaghetti-nudler) og lad det koge i 10-12 minutter eller indtil det stadig er fast, når det er bidt. Reserver ½ kop pastavand og stil til side.
b) I en stor stegepande smeltes smør og olivenolie. Tilsæt løg og hvidløg og steg indtil løget bliver gennemsigtigt.
c) Tilsæt fløde og mælk og kog langsomt op.
d) Rør parmesanosten i og fortsæt med at røre saucen, indtil osten har blandet sig godt med saucen. Smag til med friskkværnet peber.

e) Tilsæt langsomt pastavandet til saucen og bring det langsomt op. Sluk for varmen, når der begynder at dannes bobler.
f) Dræn pastanudlerne godt og kom dem i gryden. Bland pastaen og saucen godt, og tilsæt derefter flagerøget laks.
g) Server straks, mens den er varm og pynt med friskhakket persille og revet parmesanost.

71. Sort laks med blandet grøntsagsris

Portioner: 4 portioner

Ingredienser:
Laks
- 4 laksefileter, skindet fjernet
- 1 tsk sød paprika
- 1 tsk tørret oregano
- 1 tsk tørret timian
- 1 tsk spidskommen pulver
- ½ tsk stødt fennikel
- 1 spsk ekstra jomfru olivenolie
- 1 spsk usaltet smør

Ris
- 2 kopper jasminris
- 3½ dl vand
- ½ kop sukkermajs
- 1 stort hvidt løg, finthakket
- 1 stor grøn peberfrugt, finthakket
- ½ kop korianderblade, finthakket
- ¼ kop forårsløg, finthakket
- ½ kop sorte bønner, drænet godt af
- ½ tsk røget spansk paprika
- 2 spsk limesaft, friskpresset
- 1 spsk ekstra jomfru olivenolie

Rutevejledning:
a) I en lav mellemstor skål kombineres alle krydderierne til laksen. Krydr let med salt og peber og juster smagen efter dine præferencer. Beklæd hver laks med krydderiblandingen. Stil til side og lad laksen optage alle smagene.
b) Varm olivenolie op i en medium gryde ved lav varme. Tilsæt løg, majs og peberfrugt; rør til løget bliver gennemsigtigt. Tilsæt paprikaen og rør i 2 minutter. Hæld vandet i og tilsæt jasminris. Bring det langsomt op og læg låg på gryden. Kog i 15-20 minutter eller indtil risene har helt absorberet alt vandet. Stil til side i 5 minutter.

c) Rør de sorte bønner, koriander, forårsløg og limesaft i de kogte ris. Bland grundigt.
d) Varm olivenolie og smør op i en stegepande ved middel varme. Kog laksen i 8-10 minutter på hver side.
e) Læg i et serveringsfad sammen med de grøntsagsblandede ris.

72. Ingefær laks med honningmelon salsa

Portioner: 4 portioner

Ingredienser:
- 4 laksefileter, uden skind
- 2 kopper honningmelon, skåret i små tern
- 2 spsk citronsaft, friskpresset
- ¼ kop korianderblade, friskhakket
- 2 spsk mynteblade, finthakket
- 1 tsk røde chiliflager
- 3 spiseskefulde frisk ingefær, revet
- 2 tsk karrypulver
- 2 spsk ekstra jomfru olivenolie
- Salt og hvid peber efter smag

Rutevejledning:
a) Kombiner honningmelon, koriander, mynte, citronsaft og chiliflager i en mellemstor skål. Smag til med salt og peber og juster krydderierne efter behov.
b) Stil salsaen på køl i mindst 15 minutter.
c) I en separat skål kombineres revet ingefær, karrypulver, salt og peber. Fordel denne blanding på hver side af laksefileterne.
d) Stil til side i 5 minutter, så fisken kan marinere.
e) Varm olivenolie op ved lav til medium varme. Kog laksen i 5-8 minutter på hver side, eller indtil fisken bliver uigennemsigtig i midten.
f) Server laksen med den afkølede melonsalsa ved siden af.

73. Laks i asiatisk stil med nudler

Portioner: 4 portioner

Ingredienser:
Laks
- 4 laksefileter, skindet fjernet
- 2 spiseskefulde ristet sesamolie
- 2 spsk ren honning
- 3 spsk let sojasovs
- 2 spsk hvid eddike
- 2 spsk hvidløg, hakket
- 2 spsk frisk ingefær, revet
- 1 tsk ristede sesamfrø
- Hakket forårsløg til pynt

Risnudler
- 1 pakke asiatiske risnudler

Sovs
- 2 spsk fiskesauce
- 3 spsk limesaft, friskpresset
- Chiliflager

Rutevejledning:
a) Til laksemarinade kombineres sesamolie, sojasovs, eddike, honning, hakket hvidløg og sesamfrø. Hæld i laksen og lad fisken marinere i 10-15 minutter.
b) Læg laksen i et ovnfast fad, som er smurt let med olivenolie. Kog i 10-15 minutter ved 420F.
c) Mens laksen er i ovnen tilberedes risnudlerne efter pakkens anvisning. Dræn godt af og overfør til individuelle skåle.
d) Bland fiskesauce, limesaft og chiliflager og hæld i risnudlerne.
e) Top hver nudelskål med friskbagte laksefileter. Pynt med forårsløg og sesamfrø.

74. Lemony ris med stegt laks

Portioner: 4 portioner

Ingredienser:

Ris
- 2 kopper ris
- 4 kopper hønsebouillon
- ½ tsk hvid peber
- ½ tsk hvidløgspulver
- 1 lille hvidt løg, finthakket
- 1 tsk fintrevet citronskal
- 2 spsk citronsaft, friskpresset

Laks
- 4 laksefileter, stiftben fjernet
- Salt og peber efter smag
- 2 spsk ekstra jomfru olivenolie

Dild Sauce
- ½ kop græsk yoghurt, fedtfattig variant
- 1 spsk citronsaft, friskpresset
- 1 spsk forårsløg, finthakket
- 2 spsk friske dildblade, finthakket
- 1 tsk frisk citronskal

Rutevejledning:
a) Bland alle ingredienserne til dildsauce i en lille skål. Sæt i køleskabet i mindst 15 minutter.
b) I en mellemstor gryde bringes kyllingebouillonen i kog. Tilsæt ris, hvidløg, løg og hvid peber og rør forsigtigt.
c) Dæk gryden til og kog indtil risene har absorberet al hønsebouillonen.
d) Lige når bouillonen endelig er absorberet, tilsæt citronskal og -saft og rør godt sammen. Læg låget tilbage og kog risene i 5 minutter mere.
e) Varm olivenolie op ved lav varme i en stor stegepande. Krydr laksen med salt og peber inden stegning. Kog laksen i 5-8 minutter på hver side eller indtil den ønskede grad af færdighed.
f) Server den pandestegte laks med ris og sauce.

LAKSESALAT

75. Alaska laks og avocado pastasalat

Udbytte: 4 portioner

Ingrediens
- 6 ounces tør pasta
- 1 dåse Alaska laks
- 2 spsk fransk dressing
- 1 bundt grønne løg; tynde skiver
- 1 rød peberfrugt
- 3 spiseskefulde koriander eller persille; hakket
- 2 spsk let mayonnaise
- 1 Lime; saftet og revet svær
- 1 spsk tomatpure
- 3 modne avocadoer; i tern
- $\frac{1}{2}$ kop creme fraiche
- Salatblade til at servere på
- Paprika efter smag

Rutevejledning:

a) Kog pastaen efter pakkens anvisning. Dræn og vend med den franske dressing. Lad køle af. Afdryp og fliser laksen. Tilføj til pastaen med grønne løg, skåret peberfrugt og koriander.

b) Pisk limesaft og revet skal, mayonnaise, creme fraiche og tomatpure sammen, indtil det er grundigt blandet. Vend pastasalaten med dressingen. Smag til med salt og peber; dække og afkøle. Før servering smider du forsigtigt avocadoerne i salaten.

c) Hæld salaten på en bund af salatblade. Drys med paprika til pynt.

76. Alaska laksesalat sandwich

Udbytte: 6 Sandwicher

Ingrediens

- 15½ ounce Alaska laks på dåse
- ⅓kop Almindelig fedtfri yoghurt
- ⅓kop hakkede grønne løg
- ⅓kop hakket selleri
- 1 spsk citronsaft
- Sort peber; at smage
- 12 skiver brød

Rutevejledning:

a) Dræn og flager laksen. Rør de resterende ingredienser i undtagen peber og brød. Smag til med peber efter smag.

b) Fordel lakseblandingen på halvdelen af brødskiverne; top med resterende brød. Skær sandwich i halve eller kvarte.

c) Laver 6 sandwich.

77. Røget laks, agurk og pastasalat

Udbytte: 3 portioner

Ingrediens

- 3 ounce tynd spaghetti; lavede mad
- ½ agurk; i kvarte/skiver
- 3 store kviste frisk dild
- 1 kop bladsalat; revet bid-størrelse
- 1 eller 2 grønne løg med nogle af toppene; skåret i skiver
- 3 ounce røget laks; flaget (op til 4)
- ¼ kop Fedtfri eller fedtfattig creme fraiche
- 2 spsk Fedtfri yoghurt; (almindeligt)
- 1 spsk citronsaft
- 1 tomat; i kiler
- Friske persillekviste

Rutevejledning:

a) Kog pasta i kogende saltet vand. I mellemtiden kombinerer du resten af salatingredienserne i en mellemstor skål, og reserver et par lakseflager til at bruge som pynt. Bland ingredienserne til dressingen i en lille skål.

b) Bland afkølet pasta med resten af salatens ingredienser. Tilsæt dressing og vend let for at blande. Pynt med reserverede lakseflager, tomater og persille. Chill.

c) Tag ud af køleskabet 10 minutter før servering.

78. Karameliseret laks over en varm kartoffelsalat

Udbytte: 4 portioner

Ingrediens

- 2 spsk olivenolie
- ½ pund malet andouillepølse
- 2 dl julienneløg
- 1 salt; at smage
- 1 friskkværnet sort peber; at smage
- 1 spsk hakket hvidløg
- 2 pund hvide kartofler; skrællet, skåret i små tern,
- 1 og kogt til de er møre
- ¼ kop kreolsennep
- ¼ kop hakkede grønne løg; kun grøn del
- 8 laksefileter
- 1 bayou blast
- 2 kopper granuleret sukker
- 2 spsk finthakket frisk persilleblade

Rutevejledning:

a) Tilsæt en spiseskefuld olie i en stor sauterpande ved middel varme.

b) Når olien er varm tilsættes pølsen. Brun pølsen i 2 minutter. Tilsæt løgene. Smag til med salt og peber. Svits løgene i 4 minutter eller indtil de er møre. Rør hvidløg og kartofler i.

c) Smag til med salt og peber. Fortsæt med at sautere i 4 minutter. Rør sennep og grønne løg i. Tag fra varmen og stil til side. Krydr begge sider af laksen med Bayou Blast.

d) Dryp laksen i sukkeret, beklæd den helt. Opvarm den resterende olie i to store sauterpander. Tilsæt laksen og steg i cirka 3 minutter på hver side eller indtil laksen er karamelliseret.

e) Læg den varme kartoffelsalat i midten af hver tallerken. Læg laksen ovenpå salaten. Pynt med persille.

79. Stivnet laksesalat

Udbytte: 6 portioner

Ingrediens

- 2 spiseskefulde gelatine uden smag
- ¼ kop koldt vand
- 1 kop kogende vand
- 3 spsk Friskpresset citronsaft
- 2 kopper flaget laks
- ¾ kop salatdressing eller mayonnaise
- 1 kop selleri i tern
- ¼ kop hakket grøn peber
- 1 tsk hakket løg
- ½ tsk salt
- 1 streg peber

Rutevejledning:

a) Blødgør gelatine i koldt vand; tilsæt kogende vand, og afkøl derefter grundigt. Tilsæt citronsaft, laks, salatdressing eller mayonnaise og krydderier.

b) Hæld i en smurt form og afkøl til den er fast. Udbytte: 6 portioner.

80. Cool lakseelskers salat

Udbytte: 4 portioner

Ingrediens

- 1 pund Kogt konge- eller coho-laks; brudt i stykker
- 1 kop Selleri i skiver
- ½ kop grofthakket kål
- 1¼ kop mayonnaise eller salatdressing; (til 1 1/2)
- ½ kop Sød pickles relish
- 1 spsk Tilberedt peberrod
- 1 spsk finthakket løg
- ¼ teskefuld Salt
- 1 streg peber
- Salatblade; romaine blade eller endivie
- Radiser i skiver
- Dild-syltelag skiver
- Ruller eller kiks

Rutevejledning:

a) Brug en stor røreskål, og vend forsigtigt laks, selleri og kål sammen.

b) I en anden skål røres mayonnaise eller salatdressing, pickle relish, peberrod, løg, salt og peber sammen. Tilføj det til lakseblandingen og vend det til belægning. Dæk salaten til og stil den på køl indtil serveringstid (op til 24 timer).

c) Beklæd en salatskål med grønt. Hæld lakseblandingen i. Top med radiser og dild pickles. Server salaten med rundstykker eller kiks.

d) Giver 4 hovedretterportioner.

81. Dilded laksesalat

Udbytte: 6 portioner

Ingrediens

- 1 kop almindelig fedtfri yoghurt
- 2 spsk finthakket frisk dild
- 1 spsk rødvinseddike
- Salt og friskkværnet peber
- 1 2-lb laksefilet (1" tyk) renset for skind og sener
- 1 spsk rapsolie
- ½ tsk salt
- ½ tsk Friskkværnet peber
- 1 mellemstor agurk
- Krøllet bladsalat
- 4 modne tomater; fint skåret
- 2 medium rødløg; skrællet og skåret i tynde skiver og delt i ringe
- 1 citron; halveret på langs og skåret i tynde skiver

Rutevejledning:

a) Lav dressingen: Rør yoghurt, dild, eddike, salt og peber sammen. Afkøles. Lav salaten: Drys laks på begge sider med olie, salt og peber.

b) Varm grillen op, indtil den er meget varm. Læg laksen på grillen og steg tildækket, indtil den er flaget, cirka $3\frac{1}{2}$ minut på hver side. Overfør til en tallerken og lad hvile i mindst 5 minutter. Skær i $\frac{1}{2}$-tommers skiver.

c) Læg laksen i en skål og vend med dressingen. Dæk til og stil på køl. Lige inden servering skrælles agurken og halveres på langs. Brug en lille ske til at skrabe ned i midten for at fjerne frø. Skær i tynde skiver.

d) Læg lakseblandingen i midten af et stort fad foret med salatblade. Omring med agurk, tomater, løg og citronskiver. Pynt med yderligere dild, hvis det ønskes.

82. Laks med sprøde krydderurter og orientalsk salat

Udbytte: 1 portioner

Ingrediens

- 160 gram laksefilet
- 5 gram kinesisk fem krydderipulver
- 15 milliliter sojasauce
- 10 gram tomat; i tern
- 2 tsk Vinaigrette
- 20 milliliter olivenolie
- 40 gram blandede salatblade
- 5 gram friturestegt basilikum, koriander, persille
- 10 gram vandkastanjer; Skåret i skiver
- 10 gram skrællede røde og grønne peberfrugter; Julienned
- Salt og sort peber
-

Rutevejledning:

a) Mariner laks i sojasovs og fem krydderier. Steg på panden i lidt olivenolie og steg langsomt på begge sider.

b) Dress salat blade. Tallerk vandkastanjer, top med laks og arranger salatblade rundt med peber.

83. Ø-laksesalat

Udbytte: 1 portioner

Ingrediens

- 8 ounces laks eller andre faste fiskefileter
- 1 spsk olivenolie
- 1 spsk lime- eller citronsaft
- 1 tsk Cajun eller Jamaican Jerk krydderi
- 6 kopper revet blandet grønt
- 2 medium appelsiner; skrællet og sektioneret
- 1 kop jordbær; halveret
- 1 mellemstor avocado; halveret, frøet, skrællet, skåret i skiver
- 1 mellemstor Mango; frøet, skrællet, skåret i skiver
- ¼ kop hakkede macadamianødder eller mandler; ristet
- Tortilla skåle
- Estragon-Kærnemælksdressing
- Lime skræl krøller

Rutevejledning:

a) Pensl fisk med olie, drys med lime- eller citronsaft og krydderier. Læg i en smurt grillkurv. Grill i 4-6 minutter for hver $\frac{1}{2}$" tykkelse, eller indtil fisken let flager, vend én gang. Riv fisken i mundrette stykker.

b) Kombiner fisk, grønt, appelsiner, jordbær, avocado og nødder i en stor røreskål: vend forsigtigt for at blande. Hæld i tortilla skålene og dryp med dressingen.

c) Pynt hver portion med en limeskalkrøll, hvis det ønskes.

84. Malaysisk urteris og laksesalat

Udbytte: 1 portioner

Ingrediens

- 400 gram Frisk laks
- 2 spsk sojasovs
- 2 spsk Mirin
- 6 kopper kogte jasminris
- ½ kop ristet; revet kokos
- 1 5 cm stykke gurkemeje; skrællet
- 1 5 cm stykke galangal; skrællet
- 3 spsk fiskesauce
- 2 små røde chilier; frøet og hakket
- 8 Kaffir lime blade
- ½ kop thaibasilikum
- ½ kop vietnamesisk mynte
- Ekstra ristet kokos til servering.
- 1 moden avocado; skrællet
- 1 rød chili; hakket
- 2 fed hvidløg; hakket
- ¾ kop olivenolie; (lys)

- ⅓ kop limesaft
- ¼ kop citronsaft
- ½ kop thailandske basilikumblade
- 10 kviste koriander-blade og stilk

Rutevejledning:

a) Få fiskehandleren til at fjerne skindet fra laksen og læg det derefter i et lavvandet glasfad. Bland soja og mirin og hæld over fisken og mariner i 30 minutter. Opvarm en grillpande eller grill, og steg derefter fisken, indtil den er gylden på ydersiden og lige gennemstegt indvendig, cirka 3 minutter på hver side. Fedt nok.

b) Julienne gurkemeje, galangal, chili og kaffir limeblade meget fint og bland med de kogte ris. Tilsæt den ristede kokos, basilikum og mynte og bland med fiskesaucen. Sæt til side.

c) Lav dressingen. Purér alle ingredienserne i en foodprocessor, indtil de er tykke, glatte og fold derefter dressingen gennem risene, indtil risene er farvet lysegrønne.

d) Flag den kogte fisk og tilsæt risene, bland meget forsigtigt for at fordele.

e) Server salaten ved stuetemperatur pyntet med ristet kokos.

85. Minty laksesalat

Udbytte: 4 portioner

Ingrediens

- 213 gram rød Alaska laks på dåse
- 2 modne avocadoer skrællet og halveret
- 1 Lime; juiced
- 25 gram krøllet endive
- 50 gram agurk; skrællet og skåret i tern
- ½ tsk Friskhakket mynte
- 2 spsk græsk yoghurt
- Dræn dåsen med laks, knæk fisken i store flager, sæt til side.

Rutevejledning:

a) Fjern avocadostenene. Skær på langs fra den afrundede ende. Skær ikke helt igennem den smalle ende.

b) Skær hver halvdel i 5 stykker, læg dem på en tallerken og fordel skiverne blæsende.

c) Pensl med limesaft.

d) Anret endivien på tallerkenerne og læg lakseflagerne ovenpå.

e) Bland agurk, mynte og yoghurt sammen. Hæld på salaten.

f) Server med det samme.

86. Pandestegt laks med kartoffelsalat

Udbytte: 1 portioner

Ingrediens

- 250 gram Baby nye kartofler
- 6 spsk olivenolie
- en halv citron; saft af
- 1 spsk fuldkornssennep
- 1 spsk klippet purløg
- 150 gram Laksefilet
- 2 oz. balsamicoeddike
- Et par dråber varm pebersauce
- 25 gram basilikumblade
- Salt og friskkværnet peber

Rutevejledning:

a) Kog kartoflerne i 8-10 minutter, til de er møre. Mos groft med bagsiden af en gaffel.

b) Tilsæt 2 spsk olie til mosen sammen med citronsaft, sennep og purløg.

c) Krydr generøst. Krydr laksefileten og steg i 1-2 minutter på hver side, indtil den netop er gennemstegt. 3 Reducer balsamicoeddiken til en sirupsagtig konsistens. Blend den resterende olie med basilikumbladene.

d) Til servering lægges laksen på en bunke kartoffelsalat, og dryp balsamico-reduktionen, basilikumolie og pebersauce over.

87. Pasta og røget laksesalat

Udbytte: 4 portioner

Ingrediens

- ¾ pund Røget laks skåret i strimler
- 2 liter vand
- ¾ pund Linguini eller spaghetti; tør
- 2 spsk hvid eddike
- ½ kop løg; fint hakket
- 1 kop piskefløde
- ¾ kop tør hvidvin
- 1 spsk dijonsennep
- ¼ kop revet parmesan
- ½ kop friske persillekviste

Rutevejledning:

a) Bring vand i kog, kog pasta indtil mør; dræne.

b) Når pastaen koger, koges eddike med løg i en stegepande ved høj varme, indtil eddike fordamper, cirka 2 minutter. Tilsæt fløde, vin og sennep. Kog, uden låg, under omrøring ofte, indtil saucen er reduceret til 1-¾ kopper. Tilføj varm drænet pasta; løft med gafler for at overtrække med sauce.

c) Fordel pasta og sauce jævnt mellem 4 middagstallerkener; drys hver med parmesan. Anret laks ved siden af hver portion pasta, pynt med persille. Smag til med salt og peber.

88. Pastasalat med laks og zucchini

Udbytte: 6 portioner

Ingrediens

- 700 gram pasta (enhver slags)
- 500 gram røget laks
- 500 gram Kogt zucchini i skiver
- 200 milliliter olivenolie
- 70 gram Persille
- 50 milliliter citronsaft
- Salt og peber

Rutevejledning:

a) Skær laksen i tern. Kog pasta 'al dente', lad den stå kold.

b) Bland det hele sammen.

89. Kold pocheret laksesalat

Udbytte: 2 portioner

ingredienser

- 1 spsk hakket selleri
- 1 spsk hakkede gulerødder
- 2 spsk grofthakkede løg
- 2 dl vand
- 1 kop hvidvin
- 1 laurbærblad
- 1½ tsk salt
- 1 citron; skåret i halve
- 2 kviste persille
- 5 sorte peberkorn
- 9-ounce center-skåret laksefilet
- 4 kop babyspinat; gjort rent
- 1 spsk citronsaft
- 1 tsk hakket citronskal
- 2 spsk hakket frisk dild
- 2 spsk hakket frisk persille
- ½ kop olivenolie

- 1½ tsk hakkede skalotteløg
- 1 salt; at smage
- 1 friskkværnet sort peber; at smage

Vejbeskrivelse

a) I en lav pande placeres selleri, gulerødder, løg, vin, vand, laurbærblad, salt, citron, persille og peberkorn. Bring det i kog, reducer varmen, og læg forsigtigt laksestykkerne i den simrende væske, læg låg på og lad det simre i 4 minutter. Imens laver du marinaden.

b) Bland citronsaft, skal, dild, persille, olivenolie, skalotteløg, salt og peber i en skål. Hæld marinaden i en ikke-reaktiv pande eller beholder med flad bund og lige nok plads til at lægge den kogte laks. Fjern nu laksen fra gryden og læg den i marinaden. Lad afkøle i 1 time.

c) Vend spinaten i lidt af marinaden og smag til med salt og peber, og fordel mellem to serveringsplader. Brug en hulspatel til at placere laksen ovenpå spinaten.

LAKSESUPPER

90. Lakse grøntsagssuppe

Portioner: 4 portioner

ingredienser

- 2 laksefileter, skindet fjernet og skåret i mundrette stykker
- 1 ½ dl hvidløg, finthakket
- 1 ½ dl sød kartoffel, skrællet og skåret i tern
- 1 kop broccolibuketter, skåret i små stykker
- 3 kopper hønsebouillon
- 2 kopper sødmælk
- 2 spiseskefulde universalmel
- 1 tsk tørret timian
- 3 spsk usaltet smør
- 1 laurbærblad
- Salt og peber efter smag
- Flad persille, finthakket

Rutevejledning:

a) Kog hakket løg i usaltet smør, indtil det er gennemsigtigt. Rør mel i og bland godt med smør og løg. Hæld kyllingebouillon og mælk i, og tilsæt derefter søde kartoffeltern, laurbærblad og timian.
b) Lad blandingen simre i 5-10 minutter under omrøring af og til.
c) Tilsæt laks og broccolibuketter. Kog derefter i 5-8 minutter.
d) Smag til med salt og peber og juster smagen efter behov.
e) Overfør til små individuelle skåle og pynt med hakket persille.

91. Cremet laksesuppe

Udbytte: 4 portioner

Ingrediens

- 418 gram lyserød Alaska laks på dåse
- 3 Skalotteløg; hakket ELLER... Løg, hakket
- 450 milliliter Grøntsagsfond
- 150 milliliter Tør hvidvin
- 25 gram smør
- 25 gram almindeligt mel
- 300 milliliter Skummetmælk
- 100 gram ostemasse
- 4 spsk græsk yoghurt
- Krydderi

Rutevejledning:

a) Dræn dåse med laks. Kom saften i en skål med løg, bouillon og vin. Kog ved HØJ EFFEKT i 10 minutter. Stå i 15 minutter.

b) Smelt smør på HØJ EFFEKT i 30 sekunder. Rør mel i og kog i 30 sekunder på HØJ EFFEKT. Tilsæt mælk 150 ml / ¼ pint ad gangen.

c) Pisk godt og kog på HØJ EFFEKT i 1 minut mellem hver tilsætning. Tilsæt bouillon til mælkeblandingen med laks, ost og yoghurt. Sæson.

d) Overfør til en blender. Purér indtil glat. Genopvarm i 7 minutter på MEDIUM POWER og server.

92. Irsk røget laks sommersuppe

Udbytte: 4 portioner

Ingrediens
- 300 milliliter god hønsefond
- 20 gram smør
- 1 spsk Double Cream
- 12 aspargesspyd
- 1 gulerod; (lille - i tern)
- 2 Stænger Selleri; (skrællet og skåret i tern)
- 1 Porre; (lille - i tern)
- 8 Nye Kartofler; (lille - ung)
- 2 Tomater
- 4 skiver røget laks; (skåret i strimler)
- 1 Olivenbrødsrulle
- 50 gram irsk gedeost
- 1 Æggeblomme
- Blandede urter

Rutevejledning:

a) Varm hønsefond op og kog alle grøntsagerne en efter en start med kartofler, gulerødder, selleri, porre og asparges. Si grøntsagerne og gem fonden.

b) Læg grøntsagerne i små suppeskåle/kopper. Tilsæt tomat og røget laks som er skåret i strimler.

c) Sæt fonden tilbage på varmen og pisk lidt smør og fløde i. Krydr og tilsæt de hakkede krydderurter. Lad trække i et par minutter.

d) Pisk imens æggeblommen med 2 - 3 tsk kogende vand over en bain marie, indtil der er dannet en tyk og cremet sabayon.

e) Drys osten på croutonerne og stil dem under en varm grill, indtil osten begynder at boble.

f) Fold sabayonen i fonden og hæld over grøntsagerne. Læg croutonerne ovenpå og server.

93. Osteagtig laksesuppe

Udbytte: 1

Ingrediens

- 4 spsk Smør
- 1 kop hakket løg
- ¼ kop hakket selleri
- 1 kop kartofler i tern
- ¼ tsk hvid peber
- 1¼ tsk timian
- ¼ tsk Dildukrudt
- 2 spsk Mel
- ⅛ ounce dåse stuvede tomater
- 3 kopper mælk
- 7¾ ounce laks på dåse
- 2 spsk Persille
- 1 kop revet Monterey jack ost

Rutevejledning:

a) Smelt 2 spsk smør, sauter selleri og løg. Tilsæt kartofler og nok vand til at dække. Lad det simre, indtil kartoflerne er møre.

b) Smelt de resterende 2 spsk smør; bland i 2 spsk mel for at lave en roux. Tilsæt roux og inddampet mælk til kartoflerne.

c) Varm op til det er tyknet over medium varme under konstant omrøring. Tilsæt krydderier, laks og tomater.

d) Opvarm indtil dampende. Må ikke koge. Tilsæt ost lige før servering.

94. Kartoffelostsuppe med laks

Udbytte: 6 portioner

Ingrediens

- ¼ kop smør eller margarine
- 1 stort løg - i tynde skiver
- 1¼ kop selleri i tern
- 3½ kop kartofler - rå skiver
- 1 kop hønsebouillon
- 3 kopper Mælk -delt
- Stuetemperatur
- 1 kop Halv og halv
- 2 kopper skarp cheddarost, revet
- 1 tsk tørret timian
- 1 tsk Worcestershire sauce
- 1 dåse Laks, sockeye, Veldrænet, ben og skind Fjernet
- 1 streg Salt
- 1 streg peber
- Hakket persille

Rutevejledning:

a) I en 2 qt. gryde, smelt smørret og svits løg og selleri til de er møre, men ikke brune. Tilsæt kartofler og hønsebouillon; dæk til og kog ved svag varme, indtil kartoflerne er møre. Purér kartoffelblandingen i en blender med 2 dl mælk.

b) Vend tilbage til gryden; og resterende 1 kop mælk, fløde, ost, timian,

c) Worcestershire sauce og laks. Varm op ved lav temperatur, omrør ofte, indtil det er varmt. Smag til med salt og peber. Pynt med hakket persille. Udbytte: 6 portioner.

95. Kartoffelsuppe med røget laks relish

Udbytte: 4 portioner

Ingrediens

- ½ Stang usaltet smør
- 1¼ pund gule løg, i tynde skiver
- 3 ribben selleri, hakket
- Salt
- Cayenne
- Friskkværnet sort peber
- 1 Bay orlov
- 3 spsk hakket hvidløg
- 10 kopper kyllingefond
- 2 pund Bagekartofler, skrællede
- ¼ kop tung fløde
- ½ pund røget laks, julienne
- ¼ kop rødløg
- 2 spsk Hakket purløg
- Duskregn af ekstra jomfru
- Olivenolie

Rutevejledning:

a) Smelt smørret i en 6-liters lagergryde over medium-høj varme. Tilsæt løg og selleri. Smag til med salt, cayennepeber og sort peber under omrøring, indtil grøntsagerne er bløde og let gyldne, cirka 8 minutter.

b) Tilsæt laurbærblad og hvidløg under omrøring i 2 minutter. Tilsæt bouillon og kartofler og bring blandingen i kog.

c) Reducer varmen til medium og lad det simre uden låg, indtil kartoflerne er meget bløde og blandingen er tyk og cremet, cirka 1 time.

d) Tag suppen af varmen. Kassér laurbærbladet. Purér med en håndblender, indtil det er glat. Tilsæt langsomt fløden. Rør for at blande. Smag suppen til. I en lille røreskål kombineres laks, rødløg og purløg.

e) Dryp relishen med nok olie til at fugte. Smag relishen til med sort peber. Til servering hældes suppen i individuelle skåle.

f) Pynt suppen med relish.

96. Lakse-kartoffel suppe

Udbytte: 4 portioner

Ingrediens

- 2 kopper hønsebouillon
- ½ tsk tør sennep
- ¼ teskefuld peber
- 1 mellemstor løg, skåret i skiver og adskilt
- Ind i ringe
- 1½ pund Nye kartofler (10 til 12), skåret
- I 1/2-tommers skiver
- 1 pund laks eller anden fed fisk
- Fileter, flået og skåret
- I 4 portionsstykker
- 1 kop halv og halv
- 4 tsk hakket frisk persille

Rutevejledning:

a) Opvarm bouillon, sennep og peber til kogning i hollandsk ovn. Tilsæt løg og kartofler. Anret laks på kartofler. Varm op til kogning, reducer varmen. Læg låg på og lad det simre i 10 til 15 minutter, eller indtil fisken let flager med en gaffel og kartoflerne er møre. Hæld halvt og halvt i hollandsk ovn.

b) Opvarm indtil varmt. Server suppen i lave skåle, og læg 1 stykke laks i hver skål. Drys hver portion med 1 tsk persille.

c) Server med knækket sort peber, hvis det ønskes.

97. Klar laksesuppe

Udbytte: 6 portioner

Ingrediens

- 6 kopper vand
- 1½ pund Smelter, hele; renset godt
- 1 Løg, med
- 1 gulerod, stor; skrællet i kvarte
- 1 porre (kun hvid)
- 1 stilk selleri; med blade
- 1 Pastinak; skrællet
- 1 buket garni
- Salt; at smage
- 1 pund lakseafpuds
- ¾ kop Vin, hvid, tør
- 3 Kartoffel, ny
- 2 gulerødder, tynde; skrællet
- 1 Æggehvide
- 1 Æggeskal; knust
- 1 pund laksefilet, flået
- 5 spiseskefulde spidskål; hakket
- Citronskiver, tynde

Rutevejledning:

a) I en stor gryde lægges vand, smelter, løg, kvarte gulerod, porre, selleri, pastinak, bouquet garni og salt og peber, og bring det i kog ved høj varme, mens skummet med jævne mellemrum skummes af, når det stiger til top.

b) Dæk gryden til, reducer varmen og lad det simre i 35 minutter. Si bouillonen gennem en fin sigte i en ren gryde, og tryk på de faste stoffer med bagsiden af en ske for at trække så meget væske ud som muligt. Kassér de faste stoffer.

c) Sæt fonden tilbage på varmen og tilsæt lakseafskæring, vin, kartofler og tynde gulerødder. Bring det i kog, reducer derefter varmen til lav og lad det simre under låg, indtil grøntsagerne er møre, cirka 25 minutter. Si bouillonen i en ren gryde, og kassér alle de faste stoffer undtagen kartoflerne og alle gulerødderne.

d) Skyl kartofler og gulerødder, pas på ikke at mose dem, og sæt dem til side. Sæt fonden tilbage på lav varme og lad det simre i flere minutter. Tilsæt æggehviden og skallen og skru op for varmen til medium høj.

e) Bring det i kog, under konstant pisk, med et piskeris. Når fonden koger, vil æggehviden begynde at stige til overfladen. På dette tidspunkt skal du slukke for varmen og lade stå i fem minutter. Beklæd et dørslag med et dobbelt lag fugtet osteklæde og si fonden i en ren gryde.

f) Tilsæt fiskefileterne til fonden og pocher ved middel lav varme, indtil de er gennemstegte; fem minutter. Smag til og juster krydderierne. Halver de reserverede kartofler og skær dem i tern. Skær gulerødderne i fine tern.

g) Fordel fiskefileterne mellem seks suppeskåle. Tilføj et par kartoffelbåde og gulerødder i tern til hver skål. Hæld fonden i skålene, drys med spidskål og pynt med citronskiver.

DESSERT

98. Urteret laksekager

Portioner: 8 portioner

Ingredienser:
- 3 dåser atlantisk/lyserød laks, drænet godt
- 1 stort rødløg, finthakket
- ½ kop brødkrummer
- 2 spsk purløg, finthakket
- 2 spsk persille, finthakket
- 1 spsk forårsløg, finthakket
- 2 spsk rød peberfrugt, finthakket
- 2 spsk grøn peberfrugt, finthakket
- 2 tsk dijonsennep
- Salt og peber efter smag
- 2 store æg, let pisket
- Vegetabilsk olie til stegning

Rutevejledning:
a) I en stor skål hældes alle ingredienserne og blandes godt.
b) Stil blandingen i køleskabet i cirka 10 minutter.
c) Når lakseblandingen bliver lidt fast, øs en spiseskefuld af blandingen i dine hænder og form den til en patty. Gentag denne metode, indtil alle bøfferne er formet.
d) Varm en stor stegepande op ved lav til medium varme og tilsæt vegetabilsk olie til stegning. Steg bøfferne i cirka 2-3 minutter på hver side, eller indtil de er gyldenbrune. Dræn dem ved at bruge køkkenrulle.
e) Server med cremet sauce efter eget valg.

99. Laksebrød

Udbytte: 4

Ingrediens

- 1 æg - pisket
- 14 oz. dåse laks
- ½ c frisk brødkrummer
- 6 friske svampe
- 1 TB citronsaft
- 1 tsk revet citronskal
- ½ tsk Cajun krydderi
- grøntsagsspray til madlavning

Rutevejledning:

a) Spray lille brødform med madlavningsspray.

b) Kom lakseblandingen i gryden og bag ved 375F i 40 minutter, indtil brødet kan skæres i skiver.

100. Alaska skaldyrstærter

Udbytte: 6 portioner

Ingrediens

- 418 gram Alaska laks på dåse
- 350 gram Pakke filodej
- 3 spsk valnøddeolie
- 15 gram Margarine
- 25 gram almindeligt mel
- 2 spsk græsk yoghurt
- 175 gram Seafood sticks; hakket
- 25 gram valnødder, hakket
- 100 gram revet parmesan

Rutevejledning:

a) Pensl hvert enkelt ark filodej med olie og fold det til seksten 12,5 cm / 5 tommer firkanter. Læg en firkant i hvert tærtefad og lad de spidse hjørner rage ud over kanten.

b) Pensl med olie og læg derefter en anden firkant af wienerbrød på den første, men med hjørnerne pegende op mellem de originale for at skabe en åkandeeffekt.

c) Reducer ovntemperaturen til 150 C, 300 F, Gasmærke 2. Smelt margarinen og rør melet i. Blend fiskefonden i, pisk godt for at fjerne klumper.

d) Rør yoghurt, skaldyrsstænger, valnødder og laks i flager i saucen og fordel ligeligt mellem de 8 kagekasser.

e) Drys brødkrummerne over toppen og sæt dem tilbage i ovnen for at varme igennem i 5-8 minutter

KONKLUSION

Frisk eller frossen, vi elsker laks! Selvom vi må indrømme, at frisk en altid er den lækreste. For at være ærlig er det dog lige meget, hvilken slags du bruger til disse opskrifter.

Desuden er laks super sundt, fordi det er fyldt med gode fedtstoffer, der er godt for dine negle, hud, hår osv., så der er ingen undskyldninger for ikke at komme til at koge den.

CPSIA information can be obtained
at www.ICGtesting.com
Printed in the USA
LVHW080714140223
739387LV00009B/978